MW01171725

Cómo tener éxito legal en Estados Unidos

Cómo tener éxito legal en Estados Unidos

Guía de supervivencia para abogados extranjeros

Maike M. Lara Espinal, LL.M.

DEDICATORIA

A todos los abogados internacionales que buscan un futuro mejor y un lugar en la comunidad legal global, especialmente a aquellos que enfrentan los desafíos con valentía y determinación.

AGRADECIMIENTOS

A mi familia: no hay palabras suficientes para expresar mi gratitud. Gracias por hacer sacrificios inconmensurables para brindarme una educación de calidad, y por estar siempre a mi lado con apoyo y amor incondicional. Sus esfuerzos, tanto grandes como pequeños, han sido la base sobre la que he construido mis sueños y metas. Sin ustedes, nada de esto hubiera sido posible.

A Kevin, mi roca desde que nos conocimos hace tres años. Tu apoyo inquebrantable y tu amor constante han sido mi faro durante el viaje del LL.M. y la creación de este libro. Gracias por estar ahí en cada paso del camino, por escucharme pacientemente y ofrecer tus valiosas revisiones y comentarios. Tu presencia ha hecho que cada desafío sea más llevadero y cada éxito más dulce.

A mis queridas amigas, Linda y Aylin, quienes desde el primer día se convirtieron en mi grupo de estudio predilecto y mi soporte emocional. Sus risas, consejos y hombros sobre los que apoyarme han sido fundamentales en este viaje. También quiero agradecer a mis demás compañeros del programa LL.M. cuyo apoyo y camaradería hicieron que este proceso fuera enriquecedor y memorable. Agradecimientos especiales a Mohammed, quien me ha ayudado con la revisión de la versión en árabe de este libro.

A todos los profesores y el staff de St. John's University School of Law con los que tuve el privilegio de ser su estudiante, cuyas enseñanzas y orientación han dejado una huella imborrable en mi formación profesional y personal. Un agradecimiento especial a la profesora Paras, por ser siempre un apoyo incondicional y por su invaluable preparación para el bar exam. También, gracias a la profesora Cole, por aceptar escribir el prólogo de este libro y por su inspiración constante como una antigua estudiante LL.M. que ahora guía a nuevas generaciones. Asimismo, extiendo mi gratitud a la profesora McGuiness, por acogerme como asistente de investigación y por expandir mi interés en el derecho internacional con su vasto conocimiento. Por último, al profesor Olson por todo su apoyo en el proceso de aplicación y ayuda en entender los requisitos del programa.

A mis profesores de la licenciatura en la Universidad Iberoamericana, su dedicación y apoyo han sido fundamentales en mi desarrollo académico. Un agradecimiento especial a la profesora Sagrario Féliz de Cochon, quien desde el primer encuentro en mi colegio de secundaria ha sido una guía y un apoyo excepcional, especialmente durante este proceso de doble titulación.

Igualmente, a mis primeros maestros del Centro de Cuidado y Desarrollo del Niño y el Colegio Calasanz. Gracias por confiar en mi potencial desde mis primeros pasos, por inculcarme valores sólidos y por sembrar las semillas de profesionalidad que han florecido a lo largo de mi trayectoria académica y profesional. Su fe en mí y su dedicación han sido esenciales para la obtención de mi LL.M. y la producción de este libro.

Por último, agradezco profundamente a los amigos que la vida me ha regalado y que han sido especiales en este proceso. Cada uno de ustedes ha aportado algo único y valioso a mi vida. Sus palabras de aliento, su compañía en los momentos difíciles y las risas compartidas han sido un pilar fundamental para mí. Su amistad ha hecho este viaje más llevadero y significativo, y por ello, les estaré eternamente agradecido.

TABLA DE CONTENIDOS

PRÓLOGO

Como estudiante que se embarcó en el viaje de estudios legales en el extranjero, Maike rápidamente se dio cuenta de que esta experiencia es mucho más que una simple actividad académica; es una profunda transformación de la vida. Con tan solo 22 años, Maike se encontró navegando por el intrincado laberinto de la facultad de derecho, la vida en el campus y los desafíos de adaptarse a un nuevo entorno lejos de casa. Su pasión por escribir y ayudar a los demás lo impulsó a compartir este viaje, no solo como una narración de sus propias experiencias, sino como una guía para quienes seguirán sus pasos.

Este libro nace del deseo de Maike de contribuir a una comunidad que lo ha moldeado de maneras que nunca imaginó. Aprovechando sus ventajas lingüísticas, Maike ha preparado este libro en español, inglés, francés y chino, asegurándose de que llegue y resuene en un grupo diverso de estudiantes de todo el mundo. Él cree que cada estudiante que ingresa a un programa LL.M., ya sea recién salido de sus estudios universitarios o con experiencia profesional, lleva consigo el potencial de generar un impacto significativo. Sin embargo, el camino no siempre está claro y los desafíos a veces pueden parecer insuperables. Este libro es su intento de desmitificar ese camino, ofreciendo ideas no sólo para sobrevivir a los rigores académicos de un programa LL.M., sino también para prosperar en todos los aspectos de este viaje único.

Como profesora de su facultad de derecho y como graduado del mismo programa LLM, me siento profundamente inspirado por la dedicación de Maike. No sólo se ha esforzado por alcanzar los niveles más altos de excelencia profesional, sino que también ha puesto sus pensamientos en práctica de una manera que ayuda a otros, no sólo a sus pares, sino también a aquellos a quienes tal vez nunca conozca. Este tipo de liderazgo fuerte es exactamente lo que la sociedad necesita hoy: líderes que derriben barreras, defiendan a los desatendidos, luchen por lo que parece imposible y establezcan un estándar más alto al que otros puedan aspirar.

A lo largo de estas páginas, encontrará consejos prácticos sobre cómo maximizar su tiempo tanto dentro como fuera del campus. Desde dominar los cursos hasta prepararse para el examen de la barra, desde construir una red profesional hasta encontrar un empleo significativo después de graduarse, el objetivo de Maike es brindarle las herramientas y estrategias que han demostrado ser invaluables para él y muchos otros. Él sabe de primera mano cómo una pequeña idea puede convertirse en algo que tiene el poder de transformar vidas. Los desafíos que enfrentará son reales, pero también lo son el apoyo y el conocimiento que se puede obtener a través de experiencias compartidas.

Maike espera que este libro sirva no sólo como una guía, sino también como un compañero, que le ofrezca aliento y sabiduría práctica mientras navega por este apasionante y desafiante capítulo de su vida. Que te inspire a perseguir tus objetivos con determinación y a ayudar a quienes te sucedan, tal como él se inspiró para ayudarte a ti.

Bienvenidos a este viaje. Tu aventura comienza ahora.

Chunxia Cole, Esq.
Profesora adjunta
St. John's University School of Law

INTRODUCCIÓN

Incursionar en el sector legal de otro país puede parecer un reto enorme, y de hecho lo es, pero esto no debe ser una limitación para lanzarse a este desafío. La globalización y la creciente interconexión entre los países han hecho que el conocimiento y la práctica del derecho en un ámbito internacional sean más accesibles y valiosos que nunca. Este libro está dirigido a profesionales y estudiantes de derecho que deseen expandir su carrera al ejercicio en Estados Unidos, uno de los mercados legales más grandes y competitivos del mundo.

El propósito de este libro es servir como una guía práctica, ofreciendo una serie de pasos detallados y consejos estratégicos para que los profesionales y estudiantes de derecho puedan lograr con éxito su transición al mercado legal estadounidense. Aquí encontrarás información esencial sobre los aspectos administrativos, académicos y profesionales necesarios para navegar y triunfar en el sistema legal de Estados Unidos.

Estados Unidos se distingue no solo por tener uno de los sistemas legales más complejos, sino también por ser un centro neurálgico de la práctica jurídica internacional. Con su vasta diversidad de leyes estatales y federales, el sistema legal estadounidense ofrece oportunidades únicas de especialización y desarrollo profesional. Además, muchas firmas de abogados multinacionales y empresas con operaciones globales tienen su sede o importantes oficinas en Estados Unidos, lo que hace de este país un destino atractivo para abogados que buscan ampliar sus horizontes profesionales.

Este libro está organizado en varias secciones clave, cada una diseñada para abordar un aspecto crucial del proceso de integración al sistema legal estadounidense:

1. Seleccionar el programa adecuado: exploraremos cómo evaluar y seleccionar el programa académico que mejor se adapte a tus objetivos profesionales, comparando programas como el Master of Laws (LL.M.) y el Juris Doctor (J. D.).

2. Solicitar una visa de estudiante: entenderás los diferentes tipos de visas disponibles, el proceso de solicitud, los documentos necesarios y consejos prácticos para la entrevista consular.

3. Hablemos de dinero: desglosaremos los costos asociados con estudiar y vivir en Estados Unidos, además de explorar las opciones de financiamiento disponibles, incluidas becas y oportunidades de trabajo para estudiantes internacionales.

4. Cosas a saber de antemano: te prepararemos para la vida académica y cultural en Estados Unidos, resaltando las diferencias clave entre el sistema legal estadounidense y otros sistemas legales.

5. Ética para estudiantes de derecho: abordaremos la importancia de la ética académica y profesional, y cómo se aplica en el contexto de la educación legal en Estados Unidos.

6. Un día normal de clases: te daremos estrategias para manejar y sobresalir en el sistema de enseñanza socrática comúnmente utilizado en las escuelas de derecho estadounidenses.

7. Exámenes en la escuela de derecho: aprenderás sobre los diferentes tipos de exámenes, así como técnicas efectivas de estudio y preparación.

8. Asegurar un empleo: ofreceremos consejos sobre cómo asegurar prácticas y empleos, incluyendo el uso de redes de contacto y la preparación para entrevistas.

9. Diferentes exámenes para la matriculación: cubriremos los exámenes clave que necesitarás para practicar derecho en Estados Unidos, como el Bar Exam y el MPRE, entre otros.

10. Testimonios de estudiantes LL.M.: presentaremos la experiencia de varios estudiantes que han realizado un LL.M. en diferentes universidades del país y provenientes de diferentes regiones del mundo.

11. Requisitos por jurisdicción: listaremos los requisitos específicos de cada estado para la admisión al ejercicio del derecho, así como recursos adicionales para obtener más información.

12. Checklist antes del primer día de clases: haremos un resumen comprensivo de todos los pasos que debes haber completado antes de iniciar clases.

13. Recursos adicionales: finalmente, proporcionaremos una lista de libros recomendados, sitios web útiles, organizaciones y asociaciones profesionales, y programas de apoyo y mentoría.

El camino para ejercer el derecho en Estados Unidos es desafiante, pero también está lleno de oportunidades gratificantes. Este libro no solo te equipará con el conocimiento necesario para superar los obstáculos iniciales, sino que también te proporcionará las herramientas para prosperar en tu carrera legal en Estados Unidos. Ya sea que estés en la fase de exploración o ya hayas decidido dar este importante paso, esta guía será tu compañera confiable en cada etapa del proceso.

Este libro está escrito desde mi experiencia en la educación legal en Estados Unidos. Durante mi recorrido, me encontré con muchos desafíos y aprendí valiosas lecciones que habrían facilitado mi adaptación y éxito si las hubiera sabido de antemano. Este manual busca compartir ese conocimiento y ofrecer orientación práctica para quienes siguen este camino.

De igual forma, es importante tener en cuenta que los procesos consulares y migratorios siempre dependen de las autoridades consulares de Estados Unidos y pueden variar según el país de origen y la situación individual del solicitante. Aunque describo los procesos de manera general y cómo suelen ser comúnmente, cada experiencia es única, y este libro pretende ser una guía que complemente la información oficial y las experiencias personales de otros estudiantes internacionales.

Acompáñanos en este viaje de descubrimiento y preparación. Con dedicación, preparación y la información correcta, podrás convertirte en un profesional del derecho exitoso en Estados Unidos. ¡Empecemos!

1

SELECCIONAR EL PROGRAMA ADECUADO

La selección del programa académico adecuado es una decisión crucial que puede determinar en gran medida tu éxito en el ámbito legal estadounidense. Desde elegir la universidad correcta hasta seleccionar el programa específico de acuerdo con tus necesidades, cada paso de este proceso influirá en tu preparación y en tus oportunidades profesionales futuras. En este capítulo, exploraremos los diferentes tipos de programas de derecho disponibles en Estados Unidos, los factores a considerar al elegir una universidad y los pasos necesarios para completar una aplicación exitosa.

Tipos De Programas De Derecho

Las Escuelas de Derecho en Estados Unidos ofrecen principalmente dos tipos de programas para estudios jurídicos: el **Juris Doctor (J. D.)** y el **Master of Laws (LL.M.)**. Cada uno de estos programas tiene características y objetivos distintos, adaptados a diferentes perfiles de estudiantes.

El programa de **Juris Doctor (J. D.)** es el título profesional primario en derecho en Estados Unidos. Este programa está diseñado para aquellos que buscan obtener una licencia para practicar derecho en Estados Unidos y generalmente atrae a estudiantes que han completado una licenciatura (bachelor's degree) en cualquier disciplina, usualmente en ciencias políticas, economía, entre otras. El J. D. es un programa de tres años que ofrece una formación integral en derecho, cubriendo tanto fundamentos legales como áreas especializadas.

Los estudiantes de J. D. tienen una mayor flexibilidad para elegir entre una amplia gama de cursos electivos, lo que les permite especializarse en áreas específicas del derecho según sus intereses profesionales. Además, los graduados de J. D. tienen una mayor capacidad para ejercer en cualquier jurisdicción dentro de Estados Unidos, siempre y cuando pasen el examen de la barra (bar exam) del estado correspondiente.

El currículo del J. D. incluye materias fundamentales como derecho constitucional, derecho penal, contratos y derecho civil. Estas materias forman la base del conocimiento jurídico que se expandirá con cursos electivos y clínicos que permiten a los estudiantes adquirir experiencia práctica. Además, la interacción constante con profesores y compañeros, así como la participación en actividades extracurriculares como los moot court, los law review y la asistencia de investigación, enriquece la experiencia educativa y profesional de los estudiantes de J. D.

El programa de **Master of Laws (LL.M.)** está diseñado para abogados que han obtenido su título de derecho en otro país y desean especializarse en un área específica del derecho estadounidense o internacional. Los programas de LL.M. suelen durar uno o dos años, dependiendo de los requisitos de la jurisdicción y del enfoque del programa.

Los LL.M. son programas altamente especializados que permiten a los abogados internacionales obtener conocimientos avanzados en áreas específicas como derecho internacional, derecho comercial, derechos humanos, derecho ambiental y más. Debido a la duración más corta del programa, las oportunidades para elegir cursos electivos son más limitadas. Como consecuencia, la mayoría de las clases que se toman son requisitos básicos para garantizar una comprensión sólida del sistema legal estadounidense.

Es fundamental verificar las prioridades y objetivos personales antes de tomar una decisión. Algunos programas de LL.M. están diseñados específicamente para estudiantes que desean especializarse en un área del derecho y regresar a sus países de origen para aplicar sus conocimientos. Por otro lado, hay programas que están orientados a preparar a los estudiantes para ejercer en Estados Unidos, proporcionando una formación más amplia y enfocada en el sistema legal estadounidense.

Si se desea practicar en Estados Unidos, el programa elegido debe ser uno que te prepare adecuadamente para el bar exam, ya que no todos los programas de LL.M. ofrecen esta preparación. Cada estado tiene requisitos específicos para que los abogados internacionales puedan presentarse al bar exam. Por ejemplo, algunos estados como Nueva York permiten a los graduados de LL.M. tomar el examen, mientras que otros tienen restricciones más estrictas. Es fundamental investigar los requisitos específicos de la jurisdicción en la que planeas practicar y comunicarte directamente con las oficinas de admisiones de las universidades para obtener información detallada sobre cómo su programa de LL.M. te prepara para el bar exam.

Además de los cursos, los programas de LL.M. pueden incluir oportunidades para realizar prácticas en bufetes de abogados, empresas, organizaciones no gubernamentales y agencias gubernamentales. Estas experiencias prácticas son invaluables para los estudiantes internacionales, ya que les permiten aplicar sus conocimientos en contextos reales y construir redes profesionales en Estados Unidos[1]

Elegir entre un programa de J. D. y un LL.M. depende de tus objetivos profesionales, tu formación académica previa y tus planes para ejercer la abogacía en Estados Unidos. El J. D. proporciona una formación amplia y detallada en derecho estadounidense, ideal para quienes buscan una licencia completa para practicar en cualquier jurisdicción de Estados Unidos. Por otro lado, el LL.M. ofrece una especialización avanzada para abogados internacionales que desean profundizar su conocimiento en áreas específicas del derecho estadounidense o internacional. Por lo tanto, comprender estas diferencias te ayudará a tomar una decisión informada y alineada con tus metas profesionales.

Investigando Programas Y Universidades

La elección de la universidad es un factor crítico en la selección del programa adecuado de derecho. Cada universidad ofrece diferentes fortalezas, enfoques y oportunidades que pueden influir en tu educación y carrera profesional. Para tomar una decisión informada, es esencial considerar varios aspectos clave al investigar programas y universidades.

Investigar el prestigio de la universidad y del programa específico es fundamental. Las universidades con programas de derecho bien establecidos y reconocidos a nivel mundial pueden ofrecer mejores oportunidades de

1 El U. S. News & World Report ofrece buenas comparaciones entre ambos programas. Se puede acceder a través de https://www.usnews.com/education/articles/getting-an-llm-degree-what-to-know

networking y empleo. Las clasificaciones en publicaciones especializadas pueden proporcionar una visión general de la reputación académica de las escuelas de derecho. Sin embargo, es importante no basar la decisión únicamente en estas clasificaciones, sino también considerar otros factores relevantes para tus objetivos profesionales y personales.

Asimismo, la ubicación de la universidad puede influir en tus oportunidades profesionales y en tu calidad de vida. Estudiar en una ciudad con un mercado legal dinámico puede ofrecer más oportunidades de prácticas, empleos y networking. Además, la ubicación también afecta el costo de vida, el acceso a recursos y la posibilidad de establecer contactos en la región donde planeas ejercer. Algunas ciudades, como Nueva York, Los Ángeles y Washington D.C., son conocidas por sus amplias oportunidades en el campo legal; sin embargo, los costos de vida son extremadamente altos y es importante colocar esto en una balanza.

Algunas universidades valoran más a los estudiantes de LL.M. y su diversidad cultural, proporcionando un entorno académico inclusivo y de apoyo. Es importante identificar programas que no releguen a los estudiantes de LL.M. a un segundo plano y que ofrezcan una integración completa en la vida académica y extracurricular de la universidad. Revisar testimonios de estudiantes actuales y exalumnos puede proporcionar una perspectiva útil sobre cómo se valora y apoya a los estudiantes de LL.M. en una institución determinada.

El costo de la educación en Estados Unidos es significativo y varía según la universidad y el programa. Es crucial evaluar el costo total de la matrícula y los gastos de vida en la ubicación de la universidad. Además, es esencial investigar las oportunidades de becas y otras formas de ayuda financiera. Muchas universidades ofrecen becas específicas para estudiantes internacionales, y es importante aplicar a estas oportunidades temprano en el proceso de admisión. Considerar la relación costo-beneficio de la educación en una institución particular te ayudará a tomar una decisión financieramente responsable. Sobre esto profundizaremos más adelante en el libro.

De igual forma, evaluar los recursos y el apoyo académico que ofrece la universidad es otro aspecto crucial. Esto incluye la calidad de la biblioteca de derecho, el acceso a bases de datos legales y la disponibilidad de programas de tutoría y asesoramiento académico. Las clínicas legales y los programas de práctica también son importantes, ya que proporcionan experiencia práctica que es invaluable para tu formación y desarrollo profesional. Las universidades que ofrecen un sólido apoyo académico y recursos pueden facilitar tu adaptación al sistema legal estadounidense y mejorar tu rendimiento académico.

A la vez, es importante considerar las oportunidades de networking que ofrece una universidad. Las asociaciones estudiantiles, las conferencias, los eventos de reclutamiento y las redes de exalumnos son plataformas importantes para construir relaciones profesionales. En ese sentido, es siempre bueno investigar qué tipo de eventos y actividades de networking organiza la universidad, ya que esto servirá para maximizar tu experiencia académica y profesional.

Finalmente, es esencial planificar a largo plazo y considerar cómo la elección de una universidad y un programa específico se alinean con tus metas profesionales. Esto incluye investigar las tasas de éxito de los graduados en términos de empleo, salarios y aprobación del bar exam. Hablar con exalumnos y profesionales en el campo puede proporcionarte una visión clara de las oportunidades y desafíos que podrías enfrentar después de completar tu programa de derecho.

Proceso De Aplicación

Una vez que hayas seleccionado el programa adecuado, el siguiente paso es iniciar el proceso de aplicación. Este proceso puede ser riguroso y detallado, requiriendo una preparación cuidadosa y la recopilación de varios documentos y materiales esenciales.

El primer paso generalmente implica la obtención de documentos académicos. Las universidades suelen requerir transcripciones oficiales de todas las instituciones educativas anteriores a las que hayas asistido. Estas transcripciones deben demostrar tu historial académico y el cumplimiento de los requisitos previos para el programa al que estás aplicando. Es importante solicitar estas transcripciones con antelación, ya que el proceso de envío y verificación puede llevar tiempo. Además de las transcripciones, la mayoría de las aplicaciones también requieren documentos de identificación personal, como una copia de tu pasaporte. Esto asegura que la universidad tenga la información correcta y actualizada sobre tu identidad y ciudadanía.

Para los estudiantes internacionales, la certificación de dominio del inglés es un requisito crucial. Las universidades suelen aceptar exámenes reconocidos como el TOEFL (Test of English as a Foreign Language), el IELTS (International English Language Testing System), o el DET (Duolingo English Test). Es esencial alcanzar la puntuación mínima requerida por el programa al que estás aplicando, ya que esto demuestra tu capacidad para participar y comprender el material del curso.

Otra parte importante del proceso de aplicación es la muestra de escritura. Algunas aplicaciones requieren una muestra de escritura que demuestre tus habilidades de redacción jurídica. Esto puede ser un ensayo, un trabajo académico previo o un documento legal que hayas redactado. La muestra de escritura permite a los evaluadores determinar tu capacidad para comunicarte de manera efectiva y precisa en inglés.

Las cartas de recomendación son también una parte esencial del proceso de aplicación. Estas cartas deben ser de profesores, empleadores o profesionales que puedan hablar de tus habilidades académicas, profesionales y personales. Es recomendable elegir personas que te conozcan bien y puedan proporcionar una evaluación detallada y positiva de tus capacidades y potencial.

Además de las cartas de recomendación, un currículum vitae (CV) o resumen actualizado que contenga tu experiencia académica y profesional es otro requisito común. Este documento debe destacar tus logros, habilidades y experiencias relevantes que te hacen un buen candidato para el programa. Asegúrate de que tu CV esté bien estructurado y libre de errores.

Una parte crítica de tu aplicación es la declaración de propósitos. Este ensayo personal te permite explicar tus metas y motivaciones para estudiar en el programa específico al que estás aplicando. Debe incluir tus objetivos profesionales a corto y largo plazo, por qué has elegido esa universidad en particular y cómo crees que el programa te ayudará a alcanzar tus metas. La declaración de propósitos debe ser clara, concisa y bien redactada, demostrando tu pasión y compromiso con el campo del derecho.

Es crucial asegurarse de que todos los documentos estén meticulosamente revisados antes de su presentación. Evitar errores ortográficos y gramaticales es fundamental, ya que la calidad de la redacción, organización y presentación de los documentos constituye la primera impresión que los evaluadores tendrán de los aplicantes. Siempre es recomendable solicitar ayuda a profesores o académicos para revisar la documentación, asegurando que refleje profesionalismo y precisión. Esta atención al detalle no solo mejora la credibilidad del solicitante, sino que también destaca positivamente entre los demás candidatos, aumentando las posibilidades de una evaluación favorable por parte de los comités de admisión o selección.

Después de enviar tu solicitud, es importante estar preparado para proporcionar cualquier documentación adicional que la universidad pueda requerir. Esto podría incluir entrevistas, pruebas adicionales o más detalles sobre tu experiencia académica y profesional. Mantente en contacto con las oficinas de admisiones y responde rápidamente a cualquier solicitud de información adicional.

Durante el período de espera, es útil continuar investigando sobre la vida académica y profesional en Estados Unidos. Esto te permitirá estar mejor preparado para la transición y aprovechar al máximo tu experiencia educativa.

Conéctate con estudiantes actuales y exalumnos para obtener información sobre sus experiencias y consejos sobre cómo tener éxito en el programa.

Seleccionar el programa de derecho adecuado es una de las decisiones más importantes que tomarás en tu carrera jurídica. Desde entender las diferencias entre los programas de J. D. y LL.M., investigar las universidades y sus requisitos específicos, hasta preparar una aplicación sólida, cada paso es crucial para asegurar tu éxito futuro. Tómate el tiempo necesario para investigar y reflexionar sobre tus opciones, y no dudes en buscar asesoramiento y apoyo durante este proceso. Con la preparación adecuada, podrás encontrar el programa que mejor se adapte a tus necesidades y aspiraciones profesionales.

2

SOLICITAR UNA VISA DE ESTUDIANTE

Incursionar en el ámbito legal estadounidense implica un riguroso proceso de preparación, y una de las primeras y más cruciales etapas es la obtención de la visa de estudiante adecuada. A menos que seas ciudadano estadounidense o residente permanente, necesitarás una visa para estudios de larga duración. La visa de estudiante más comúnmente requerida es la visa F-1. A continuación, se detalla el proceso completo y los requisitos necesarios para solicitar y obtener esta visa, así como los pasos a seguir para asegurar una entrada sin problemas a Estados Unidos.[2]

Existen dos categorías principales de visas de no inmigrante para personas que desean estudiar en Estados Unidos: las visas F y M. Estas visas están diseñadas para permitir a los estudiantes internacionales ingresar a Estados Unidos y participar en programas educativos a tiempo completo.

1. Visa F-1: esta visa es para estudiantes académicos que desean inscribirse en un programa educativo en una universidad, colegio, seminario, conservatorio, escuela secundaria o primaria académica, o en un programa de entrenamiento de idiomas. La visa F-1 permite a los estudiantes inscribirse en

---

[2] Para más información sobre tipos de visas y requisitos, revisa la web del Departamento de Estado: https://travel.state.gov/content/travel/en/us-visas/study/student-visa.html

programas que culminan en un grado, diploma o certificado. Para obtener esta visa, tu escuela debe estar autorizada por el gobierno de Estados Unidos para aceptar estudiantes internacionales.

2. Visa M-1: esta visa es para estudiantes vocacionales o no académicos. Aunque no es comúnmente utilizada por estudiantes de derecho, es importante conocerla en caso de que se necesite para otros tipos de formación.

Requisitos Para La Visa F-1

Para calificar para una visa F-1, debes cumplir con los siguientes criterios:

1. Estar inscrito en un programa educativo «académico», un programa de entrenamiento de idiomas o un programa vocacional.

2. La escuela debe estar aprobada por el Programa de Estudiantes y Visitantes de Intercambio (SEVIS por sus siglas en inglés) del Departamento de Seguridad Nacional (DHS por sus siglas en inglés).

3. Estar inscrito como estudiante a tiempo completo en la institución.

4. Tener competencia en inglés o estar inscrito en cursos que lleven a la competencia en inglés.

5. Tener fondos suficientes para mantenerte durante todo el curso propuesto de estudio.

6. Mantener una residencia en el extranjero que no tengas intención de abandonar.

En ese sentido, primero debes ser aceptado en un programa de estudios en una universidad estadounidense. Una vez aceptado, recibirás un Formulario I-20 (Certificado de Elegibilidad para el Estatus de Estudiante No Inmigrante). Este formulario certifica que eres elegible para el estatus de estudiante F-1 y que tienes los fondos suficientes para mantenerte durante tus estudios.

Proceso Del Formulario I-20

Antes de aplicar en la embajada de tu país por una visa F-1, es necesario solicitar que la universidad emita un formulario denominado I-20. Este documento reconoce que cuentas con los fondos suficientes para cubrir el tiempo de estudios en la misma. El Formulario I-20 es un documento del gobierno de Estados Unidos que las universidades utilizan para certificar que eres elegible para el estatus de estudiante F-1. Para obtener este formulario, debes cumplir con ciertos requisitos:

1. Ser o esperar ser un estudiante «bona fide». Esto significa ser un estudiante genuino y de buena fe, inscrito en un programa académico legítimo en Estados Unidos.

2. Cumplir con los requisitos de admisión de la universidad.
3. Seguir un curso completo de estudios.
4. Demostrar que tienes suficientes fondos para estudiar y vivir en Estados Unidos sin trabajar ilegalmente o sufrir pobreza.

No todos los estudiantes internacionales necesitan un I-20. Por ejemplo, los estudiantes J-1 requieren un Formulario DS-2019, y los dependientes F-2 que deseen estudiar a tiempo completo deben obtener un I-20 y cambiar su estatus a estudiante F-1. Si tienes otro estatus de no inmigrante en Estados Unidos, puede que no necesites un I-20 y puedes asistir a la escuela si la ley lo permite.

Para obtener tu Formulario I-20, debes ser aceptado en un programa de estudios a tiempo completo y demostrar que puedes cubrir los costos de vivir y estudiar en Estados Unidos. Es importante revisar los «Requisitos Financieros Anuales Estimados para Estudiantes Internacionales» de la universidad y calcular tus costos anuales. Este monto es el que debes demostrar que puedes cubrir para el primer año de estudio. Se recomienda presupuestar al menos un 10 % más para evitar problemas financieros.

El apoyo financiero puede provenir de diversas fuentes, tanto dentro como fuera de Estados Unidos. Es posible tener patrocinadores que te proporcionen apoyo en efectivo o alojamiento y comida de manera gratuita. Es recomendable que parte del apoyo financiero provenga de tu país de origen, ya que esto es importante para obtener tu visa de estudiante. Los patrocinadores deben prometer solo la cantidad de dinero que realmente pueden proporcionar, ya que una razón común para la denegación del visado es que el oficial consular no esté convencido de que el patrocinador pueda proporcionar lo prometido. Si tienes fondos personales, debes demostrar que tienes suficiente dinero para cubrir todo tu programa de estudios o tener otros ingresos personales.

Para demostrar tu capacidad financiera, debes proporcionar varios documentos:

- Patrocinadores de apoyo en efectivo: deben presentar una declaración jurada de apoyo en efectivo anual, y es recomendable incluir una prueba de ingresos, como una carta del empleador, declaraciones de impuestos o documentación de inversiones. Si una empresa te patrocina, debes presentar el estado de ganancias y pérdidas más reciente de la empresa, además de una declaración oficial del salario pagado al propietario o patrocinador.

- Patrocinadores de alojamiento y comida gratuitos: deben presentar una declaración jurada de alojamiento y comida gratuitos y copias de documentos como el contrato de arrendamiento o facturas de servicios.

Es importante no ingresar a Estados Unidos con una visa B-1, B-2 o B-1/B-2 si planeas estudiar, ya que esto puede ser visto como una «entrada fraudulenta» y podría resultar en la denegación de la extensión o cambio de tu estatus. Los visitantes con visa B tienen prohibido seguir un curso completo de estudios antes de obtener un cambio al estatus F-1.

Si estás transfiriéndote a tu casa de estudios desde otra escuela en Estados Unidos, debes completar un procedimiento especial de transferencia de escuela para mantener tu estatus F-1. Este procedimiento debe completarse dentro de los primeros 15 días de comenzar las clases. Debes completar y enviar la solicitud del I-20 y la evidencia requerida de apoyo financiero, además de informar a tu escuela anterior sobre la transferencia para que libere el registro de inmigración a la nueva universidad. Si planeas viajar fuera de Estados Unidos antes de que comiencen las clases, la universidad puede enviar tu I-20 de transferencia al extranjero.

Por último, es esencial revisar los requisitos específicos que la Oficina de Estudiantes Internacionales pueda solicitar y cumplirlos al pie de la letra.

Después De Recibir El Formulario I-20

Una vez que recibas el formulario I-20, hay varios pasos importantes que debes seguir para asegurar la transición a Estados Unidos como estudiante internacional:

1. Revisar y firmar el I-20.

Es crucial que revises el Formulario I-20 para asegurarte de que toda la información esté correcta. Si encuentras algún error, notifica a la Oficina de Servicios Internacionales de inmediato. Firma y coloca la fecha en el I-20 con tinta azul en la parte inferior de la primera página.

2. Pagar la tarifa SEVIS I-901 de $350[3].

Para pagar en línea, visita fmjfee.com, completa el formulario I-901 en línea y realiza el pago utilizando una tarjeta de crédito o débito. Asegúrate de escribir tu nombre exactamente como aparece en el Formulario I-20 e incluye el número de identificación SEVIS y el código de la escuela de la universidad. Imprime una copia del recibo en línea y llévalo contigo a la cita para el visado y cuando viajes a Estados Unidos[4].

3. Aplicar para una visa de estudiante lo antes posible.

Para solicitarla, visita el sitio web travel.state.gov para encontrar el consulado o embajada de Estados Unidos más cercano a tu ubicación. Debes solicitar la visa en el país de tu residencia permanente y no puedes hacerlo más de 120 días antes de la fecha de inicio indicada en tu I-20. Los procedimientos

---

[3] El monto específico de la tarifa puede cambiar a voluntad del Departamento de Estado.

[4] Puede encontrar más información en la página del Departamento de Seguridad Nacional (DHS): https://studyinthestates.dhs.gov/site/about-sevis

de solicitud, requisitos y tiempos de procesamiento pueden variar, por lo que es importante contactar a la embajada o consulado local de Estados Unidos para obtener instrucciones específicas. Esto implica completar el Formulario DS-160, que es el formulario de solicitud en línea para la visa de no inmigrante. Debes completarlo y subir una foto tuya según los requisitos específicos.

La Entrevista Para La Visa De Estudiante

Al prepararse para la entrevista de visa, es crucial estar bien informado sobre las reglas y estar listo para responder a las preguntas del oficial consular de manera efectiva. Aquí hay algunos aspectos fundamentales a tener en cuenta.

Por ley, se asume que los solicitantes de visa planean quedarse en Estados Unidos de forma permanente. Por ello, es esencial convencer al oficial consular de que regresarás a tu país de origen al finalizar los estudios. No te desanimes si el oficial es escéptico, ya que la principal razón para la denegación de un visado es no lograr convencerlo de la intención de regresar a su país.

Debes tener un objetivo académico claro y válido en Estados Unidos. Esto incluye demostrar tus calificaciones y explicar cómo los estudios te prepararán para una carrera en tu país. Además, es necesario presentar pruebas de que tienes los recursos financieros suficientes para mantenerte durante toda la duración del programa de estudios. Recuerda ser breve, honesto y directo en tus respuestas.

Preparándote para la entrevista, debes estar listo para explicar por qué deseas estudiar en Estados Unidos, por qué elegiste el programa de estudios y la universidad, y cómo estos estudios te prepararán para una carrera en tu país de origen. Presenta evidencia de tus calificaciones académicas y los documentos financieros originales que proporcionaste a la universidad, asegurándote de que coincidan exactamente con la información en el Formulario I-20.

Es crucial demostrar que tienes fuertes vínculos con tu país de origen. Esto puede incluir pruebas de residencia permanente, como una copia de la escritura o el contrato de alquiler de tu hogar. Si tu familia posee un negocio, proporciona una carta del banco describiéndolo o copias de las escrituras de propiedad. Si has viajado a Estados Unidos antes como visitante, enfatiza que regresaste a tu país. Una carta de un posible empleador en tu país diciendo que están interesados en contratar personas con el título que recibirás también puede ser útil. Además, si tienes hermanos que estudiaron en Estados Unidos y regresaron, proporciona una copia de su diploma y una declaración de su empleador.

Evita enfatizar cualquier conexión que tengas con personas o familiares en Estados Unidos. Practica tu inglés, ya que se espera que puedas hablarlo y mostrar tu puntaje TOEFL al oficial consular, a menos que tu I-20 indique que vas a estudiar inglés en el campus. No menciones el trabajo en Estados Unidos a menos que tengas una asistencia de enseñanza o beca. Debes demostrar que puedes cubrir los costos de estudiar y vivir en Estados Unidos, ya que el empleo está estrictamente controlado por inmigración y no está garantizado.

Si comenzaste tus estudios en otro estatus de no inmigrante y luego cambiaste a F-1, prepárate para explicar cómo tu propósito original en Estados Unidos cambió al de estudiante de tiempo completo. Proporciona copias de tus transcripciones para mostrar tus estudios.

Durante la entrevista, sabrás si tu visa fue aprobada o denegada. Si es aprobada, te informarán cuándo estará disponible el visado en tu pasaporte. Si es denegada, sería recomendable acudir a la Oficina de Estudiantes Internacionales de tu universidad para recibir asesoría sobre cómo fortalecer tu caso.

Preparativos Para Tu Llegada A Estados Unidos

Para que tu llegada a Estados Unidos como estudiante F-1 sea más sencilla, es importante estar bien informado sobre lo que debes esperar. Es posible que se te niegue la entrada a Estados Unidos si intentas llegar más de 30 días antes de la fecha de inicio del programa académico que figura en tu Formulario I-20. Debes llevar ciertos documentos contigo cuando llegues y no deben ser registrados con tu equipaje. Si tu equipaje se pierde o se retrasa, no podrás presentar los documentos en tu puerto de entrada, lo que podría impedirte ingresar a Estados Unidos[5]. Los documentos necesarios son:

1. Pasaporte válido por al menos seis meses después de la fecha de finalización del programa.
2. Visa F-1 (El oficial consular puede sellar tus documentos de inmigración en un sobre y adjuntarlos a tu pasaporte).
3. Formulario I-20.
4. Nombre e información de contacto de tu Oficial Designado de la Escuela, incluyendo un número de contacto de emergencia disponible las 24 horas.

Adicionalmente, se recomienda llevar:

- Pruebas de recursos financieros.

[5] Para infromación exhaustiva sobre los procesos de entrada, puedes consultar la siguiente página: https://educationusa.state.gov/your-5-steps-us-study/prepare-your-departure

- Evidencia de tu estatus de estudiante, como recibos de matrícula recientes y transcripciones.
- Un recibo en papel de la tarifa SEVIS, Formulario I-797.

Al Llegar A Tu Puerto De Entrada

Dirígete directamente al área terminal para pasajeros que llegan. Ten disponibles los siguientes documentos: tu pasaporte, Formulario SEVIS (I-20) y el Formulario de Declaración de Aduanas (CF-6059). Se te pedirá que indiques tu razón para ingresar a Estados Unidos y proporciones información sobre tu destino final. Es importante informar al oficial de U.S. Customs and Border Protection que serás estudiante, junto con el nombre y dirección de la universidad en la que te inscribirás. Una vez que la inspección se complete con éxito, el oficial inspeccionador sellará tu pasaporte para la duración del estatus («D/S») para los titulares de visa F-1.

Llegada Y Adaptación

Finalmente, al llegar a Estados Unidos, asegúrate de estar preparado para tu nueva vida como estudiante. Esto incluye familiarizarte con el entorno, adaptarte a las costumbres locales y asegurarte de cumplir con todas las normativas de inmigración y requisitos académicos. La Oficina de Servicios para Estudiantes y Académicos Internacionales de tu universidad será una fuente invaluable de apoyo y orientación durante tu estancia en Estados Unidos.

Prepárate A Vivir Lejos De Casa

Vivir en un país extranjero puede ser un desafío cultural y emocional. Es importante que te prepares para la adaptación a un nuevo entorno social y cultural. Familiarizarte con las costumbres, tradiciones y normas sociales de tu país de destino te ayudará a integrarte más fácilmente y a evitar malentendidos. Además, participar en actividades extracurriculares y comunidades estudiantiles puede enriquecer tu experiencia y ayudarte a construir una red de apoyo.

No debes descuidar tu bienestar físico y emocional. La vida de un estudiante puede ser estresante, y estar lejos de casa puede aumentar este estrés. Es vital que encuentres un equilibrio entre tus responsabilidades académicas y tu bienestar personal. Asegúrate de conocer los recursos de salud y bienestar disponibles en tu universidad y no dudes en buscar ayuda si la necesitas.

Encontrar un grupo de apoyo, amistades y compañeros de estudio dentro de la universidad es fundamental para superar los momentos difíciles al vivir lejos de casa. Rodearte de personas que están pasando por experiencias similares puede ofrecer no solo apoyo emocional y social, sino también ayuda práctica en el ámbito académico. Este círculo de apoyo proporciona un sentido de pertenencia y comprensión, permitiendo enfrentar juntos los desafíos de la adaptación cultural y las exigencias del programa de estudios. Además, contar con amigos y compañeros de estudio facilita el intercambio de ideas, recursos y estrategias que enriquecen tanto el aprendizaje como la vida cotidiana.

Prepararte de manera integral para esta experiencia te permitirá no solo alcanzar tus objetivos académicos, sino también crecer personal y profesionalmente.

Inmunización Y Seguro De Salud

Para registrarse con éxito en una universidad en Estados Unidos, es esencial que los estudiantes internacionales completen todos los formularios de inmunización y seguro médico que la institución requiera.

La Ley de Salud Pública del Estado de Nueva York, como ejemplo representativo de muchas jurisdicciones en Estados Unidos, exige que todos los estudiantes nacidos a partir del 1 de enero de 1957 estén inmunizados contra el sarampión, las paperas y la rubéola. Los estudiantes deben presentar documentación que acredite haber recibido dos dosis de la vacuna contra el sarampión y una dosis contra las paperas y la rubéola antes de que comiencen las clases. Sin esta documentación adecuada, no se permitirá la asistencia a las clases. Este requisito tiene como objetivo proteger la salud pública y prevenir brotes de enfermedades contagiosas en el entorno universitario.

Al registrarse en la mayoría de las universidades, todos los estudiantes con visas F-1 y J-1 son automáticamente inscritos en el plan de seguro médico obligatorio de la institución. Este cargo por semestre se incluye en la factura junto con otras tarifas universitarias al momento de la inscripción. Los estudiantes con otros estatus migratorios también tienen la opción de adquirir este plan si así lo desean.

Es crucial que los estudiantes internacionales revisen detalladamente los beneficios del plan de seguro médico, las redes de proveedores y las condiciones de la cobertura. Estar bien informado sobre el seguro médico no solo garantiza el cumplimiento de los requisitos universitarios, sino que también proporciona tranquilidad y seguridad en caso de emergencias médicas. Para más información sobre los beneficios del plan, los estudiantes pueden consultar con la oficina de servicios de salud de su universidad.

3

HABLEMOS DE DINERO

Los programas educativos en Estados Unidos suelen ser extremadamente costosos, especialmente para personas que provienen de países donde la moneda de ingreso no es el dólar estadounidense. Por lo tanto, es crucial pensar en el financiamiento del programa incluso antes de aplicar formalmente. La planificación financiera es un paso esencial para asegurar que tu experiencia educativa en el extranjero sea manejable y exitosa.

Como vimos anteriormente, al solicitar una visa de estudiante, una de tus principales preocupaciones es demostrar que tienes los medios financieros para cubrir todos los costos asociados con tus estudios y tu estancia en Estados Unidos. Las autoridades consulares requieren pruebas claras y contundentes de que puedes sostenerte económicamente sin necesidad de trabajar ilegalmente. Esto incluye mostrar fondos suficientes para cubrir la matrícula, el alojamiento, los libros y otros gastos personales.

Es recomendable que prepares un plan financiero detallado que incluya todos los recursos económicos disponibles, como ahorros personales, becas, préstamos y el apoyo financiero de familiares. Además, debes estar listo para presentar documentos que respalden esta información, como estados de cuenta bancarios, cartas de patrocinio y cualquier otra evidencia financiera requerida por la embajada o consulado.

Comparación De Costos De Universidades De Derecho En Estados Unidos

Elegir una universidad de derecho en Estados Unidos implica considerar varios factores, siendo uno de los más importantes el costo. A continuación, se presenta una tabla que compara las tarifas de matrícula y los costos de vida aproximados de algunas de las universidades de derecho más prestigiosas del país. Esta información es fundamental para los estudiantes internacionales que necesitan planificar su presupuesto y buscar financiamiento adecuado para sus estudios.

Universidad	Costo de matrícula (aproximado)	Duración	Ubicación del campus	Costo de vida (aproximado)
Harvard Law School	$77.100 por año	1 año	Cambridge, MA	$29.100 por año
Yale Law School	$74.044 por año	1 año	New Haven, CT	$22.800 por año
Stanford Law School	$74.475 por año	1 año	Stanford, CA	$28.191 por año
Columbia Law School	$78.444 por año	1 año	New York, NY	$25.797 por año
University of Chicago Law School	$76.479 por año	1 año	Chicago, IL	$21.543 por año
New York University School of Law	$76.878 por año	1 año	New York, NY	$26.800 por año
University of California, Berkeley Law	$73.000 por año	1 año	Berkeley, CA	$26.014 por año
Georgetown University Law Center	$82.264 por año	1 año	Washington, D.C.	$25.364 por año
University of Michigan Law School	$73.584 por año	1 año	Ann Arbor, MI	$18.788 por año

La tabla anterior destaca la variabilidad en los costos de matrícula y de vida entre distintas universidades de derecho en Estados Unidos. Estos costos pueden influir significativamente en tu decisión y planificación financiera. Además de la matrícula, los estudiantes deben considerar el costo de vida en la ciudad donde se encuentra la universidad y los costos de los libros, ya que suelen ser más elevados que en otros países. Es recomendable visitar los sitios web oficiales de las universidades para obtener la información más precisa y actualizada[6].

Buscar Acuerdos Entre Universidades O Instituciones Gubernamentales

Una opción viable para financiar tu educación en Estados Unidos es investigar si existen acuerdos entre tu universidad de origen y universidades estadounidenses. Muchas instituciones tienen convenios de colaboración que permiten a los estudiantes beneficiarse de descuentos en la matrícula o de programas de intercambio que reducen significativamente los costos.

Además, algunos gobiernos ofrecen programas de financiamiento o becas para estudiantes que desean estudiar en el extranjero. Estos programas a menudo están diseñados para promover el intercambio educativo y cultural y pueden proporcionar fondos suficientes para cubrir una parte o la totalidad de los costos educativos.

Becas De Asociaciones De Abogados

Las asociaciones de abogados, tanto en Estados Unidos como en tu país de origen, pueden ser una excelente fuente de financiamiento. Estas organizaciones a menudo ofrecen becas específicas para estudiantes de derecho que demuestran un alto rendimiento académico y un fuerte compromiso con la profesión legal.

Las becas de asociaciones de abogados no solo proporcionan apoyo financiero, sino que también pueden ofrecer oportunidades de networking y desarrollo profesional. Es importante investigar y aplicar a tantas becas como sea posible para maximizar tus posibilidades de recibir fondos.

---

[6] Cada universidad realiza su propio cálculo del costo de vida aproximado de sus estudiantes. La información de esta tabla fue tomada de las distintas páginas web de las universidades mencionadas y varían cada año, por lo que es importante revisar siempre la versión más actualizada.

FAFSA Y Préstamos Estudiantiles

Para los residentes y ciudadanos de Estados Unidos, el **Free Application for Federal Student Aid (FAFSA)** es una herramienta fundamental para obtener ayuda financiera. A través de FAFSA, los estudiantes pueden acceder a una variedad de ayudas federales, incluyendo préstamos estudiantiles, subvenciones y programas de estudio y trabajo.

Si bien los estudiantes internacionales no son elegibles para la mayoría de las ayudas federales, algunos pueden calificar para préstamos privados o institucionales ofrecidos por las universidades. Es crucial explorar todas las opciones disponibles y comprender las condiciones de cada préstamo, incluyendo las tasas de interés y los términos de reembolso.

Préstamos Estudiantiles En Tu País De Origen

Otra opción para financiar tu educación es obtener préstamos estudiantiles en tu país de origen. Muchas instituciones financieras ofrecen préstamos diseñados específicamente para estudiantes que planean estudiar en el extranjero. Estos préstamos pueden tener términos favorables y tasas de interés más bajas en comparación con los préstamos privados en Estados Unidos.

Antes de solicitar un préstamo, es crucial comparar las tasas de interés, cuotas y otras facilidades específicas para estudiantes. Esta comparación permite tomar decisiones financieras informadas y encontrar la opción que mejor se adapte a las necesidades individuales, asegurando condiciones favorables para el pago posterior al estudio en Estados Unidos. Además, considera cómo la tasa de cambio entre tu moneda local y el dólar estadounidense puede afectar los pagos.

Becas Y Asistencia Ofrecida Por La Universidad

Muchas universidades de derecho en Estados Unidos ofrecen becas, subvenciones y ayuda financiera para ayudar a mitigar el costo de los programas de LL.M. Estas oportunidades de financiamiento pueden estar basadas en el mérito, la necesidad, o una combinación de ambos factores. Es crucial investigar y consultar sobre las becas y opciones de financiamiento disponibles en las universidades de tu interés. Algunas instituciones también ofrecen puestos de asistente de posgrado, que pueden involucrar responsabilidades de investigación o enseñanza a cambio de exenciones de matrícula o estipendios.

Las **becas basadas en el mérito** se otorgan en función de logros académicos, profesionales o personales sobresalientes. Por otro lado, las becas basadas en la necesidad se otorgan según la situación financiera del estudiante y su capacidad para pagar los costos educativos.

Algunas universidades ofrecen **asistencias de posgrado**, que incluyen responsabilidades como la investigación o la enseñanza. Estas posiciones pueden proporcionar una exención parcial o total de la matrícula y, en algunos casos, un estipendio para cubrir los gastos de vida.

Al solicitar estas ayudas, es importante revisar detenidamente los criterios de elegibilidad, los plazos de solicitud y los procesos específicos de cada beca o asistencia. La planificación anticipada y la presentación de una solicitud bien documentada y puntual son fundamentales para maximizar las oportunidades de recibir financiamiento.

Oportunidades Internacionales

Además de las becas ofrecidas por las universidades, existen numerosas oportunidades de financiamiento externo a nivel internacional para los estudiantes de LL.M. Estas pueden provenir de fundaciones privadas, programas gubernamentales o diversas organizaciones de intercambio cultural. Algunas de estas incluyen:

- **Programa Fulbright:** ofrece becas para estudios de posgrado en Estados Unidos y está disponible para estudiantes de numerosos países. Las becas Fulbright son altamente competitivas y buscan fomentar el entendimiento mutuo entre los pueblos de Estados Unidos y otros países.
- **Programa conjunto de becas de posgrado Japón y Banco Mundial:** ofrece apoyo financiero a estudiantes de países en desarrollo que deseen estudiar en programas de posgrado en diversas disciplinas, incluyendo derecho, en universidades de Estados Unidos.
- **Programas de intercambio cultural:** varias organizaciones promueven programas de intercambio cultural que incluyen financiamiento para estudios de LL.M. Estos programas buscan no solo fomentar el conocimiento académico, sino también el entendimiento cultural entre los estudiantes de diferentes países.
- **Fundaciones y organizaciones privadas:** existen numerosas fundaciones y organizaciones privadas que ofrecen becas para estudiantes internacionales. Estas becas pueden estar dirigidas a estudiantes de ciertos países, áreas de estudio específicas, o aquellos con determinadas características y logros.

Al explorar estas oportunidades, es fundamental realizar una investigación exhaustiva y planificar con tiempo. Cada programa y organización tendrá sus propios criterios de elegibilidad y plazos de solicitud. La presentación de una solicitud completa y bien fundamentada puede aumentar significativamente las posibilidades de recibir financiamiento.

En resumen, aunque los costos de estudiar un LL.M. en Estados Unidos pueden ser elevados, existen múltiples oportunidades de financiamiento tanto a través de las universidades como de fuentes externas. La clave está en la investigación proactiva y la planificación anticipada para asegurar el apoyo financiero necesario para tu educación.

4

COSAS A SABER DE ANTEMANO

En este punto, ya habrás escogido el programa de tu conveniencia y habrás probablemente pensado cómo gestionar tu visa de estudiante y tener algún plan para financiar tus estudios. Sin embargo, antes de embarcarte en esta emocionante aventura académica y profesional, es crucial que te prepares adecuadamente para los retos y oportunidades que encontrarás en tu camino.

Estudiar en el extranjero, especialmente en una institución estadounidense, no solo implica un cambio en el ambiente académico, sino también en el estilo de vida. Adaptarse a una nueva cultura, sistema educativo y entorno social requiere preparación y flexibilidad. Desde entender los requisitos académicos y legales hasta gestionar tus finanzas y bienestar personal, hay varios aspectos que debes considerar para asegurar una experiencia exitosa y enriquecedora.

English For American Law School

Si te has inscrito en un programa de LL.M., es probable que la universidad incluya u ofrezca una clase de inglés legal, generalmente conocida como **«English for American Law School»** (EALS) o una terminología similar. El programa EALS es un curso breve que se realiza antes del inicio del semestre regular. Está diseñado específicamente para ayudar a los abogados formados en el extranjero a mejorar su conocimiento del sistema legal estadounidense y su vocabulario antes de comenzar sus estudios regulares de LL.M. Este curso también está abierto a cualquier profesional que desee mejorar su inglés legal para obtener una ventaja en su carrera.

El objetivo principal de EALS es proporcionar a los estudiantes las herramientas necesarias para desenvolverse con éxito en un entorno legal estadounidense. Los estudiantes aprenderán de abogados con amplia experiencia en la enseñanza a hablantes no nativos de inglés. Los módulos de aprendizaje incluyen:

- **Fundamentos del sistema legal estadounidense:** los estudiantes reciben una introducción detallada al sistema legal de Estados Unidos, incluyendo su estructura y funcionamiento.

- **Redacción y argumentación jurídica:** se enfocan en la escritura legal y en cómo desarrollar y presentar argumentos legales de manera efectiva.

- **Lectura de textos legales:** los estudiantes aprenden a leer y comprender casos, estatutos y otros textos legales estadounidenses.

Estos módulos de aprendizaje incluyen conferencias, discusiones, asignaciones de escritura y otros ejercicios que ayudarán a los estudiantes a construir el conocimiento, las habilidades y la confianza necesarios para desenvolverse en el entorno legal estadounidense.

Participar en un programa de EALS no solo facilita la transición académica al sistema legal estadounidense, sino que también proporciona una base sólida para el éxito profesional. Los estudiantes desarrollan una comprensión profunda de los principios legales, mejoran sus habilidades de comunicación y adquieren la confianza necesaria para interactuar eficazmente con colegas y clientes en un contexto legal estadounidense.

En resumen, el programa EALS es una inversión valiosa para cualquier abogado internacional que desee cursar un LL.M. en Estados Unidos. No solo mejora las habilidades lingüísticas y legales, sino que también prepara a los estudiantes para las demandas académicas y profesionales del entorno legal estadounidense.

Sistema Legal De Estados Unidos

El sistema legal de Estados Unidos es complejo y multifacético, combinando elementos de la tradición jurídica anglosajona con sus propias innovaciones. Este sistema se basa en la Constitución de los Estados Unidos, que establece los principios fundamentales, la estructura, el marco del gobierno y sus relaciones con los estados y los ciudadanos. Además de la Constitución, el derecho estadounidense se compone de leyes estatutarias, regulaciones administrativas y una vasta jurisprudencia derivada de decisiones judiciales. Una comprensión profunda de este sistema es crucial para cualquier abogado internacional que desee estudiar o ejercer en Estados Unidos, ya que influye en todos los aspectos del derecho y la práctica legal en el país.

Common law, stare decisis y rule of law

Una de las características distintivas del sistema legal en Estados Unidos es su tradición de ***«common law»***. El *common law* es un tipo de derecho que se deriva de las decisiones judiciales en lugar de las leyes escritas o estatutos. Originalmente, los tribunales estadounidenses crearon reglas de *common law* basadas en el *common law* inglés. Esto continuó hasta que el sistema legal estadounidense alcanzó la madurez suficiente para desarrollar sus propias reglas de *common law*, ya sea a partir de precedentes directos o por analogía con áreas similares de derecho ya decididas[7].

En resumen, el *common law* se basa en la jurisprudencia y las decisiones judiciales previas. Los jueces utilizan estas decisiones anteriores como referencia para resolver casos actuales, asegurando así una coherencia y continuidad en la interpretación y aplicación del derecho. Esto permite que el sistema legal evolucione y se adapte a nuevas circunstancias sin la necesidad de cambios legislativos formales. Comprender esta tradición del *common law* es esencial para cualquier estudiante de derecho internacional que planee estudiar o ejercer en Estados Unidos, ya que influye significativamente en cómo se interpretan y aplican las leyes en el país.

Para entender el *common law* y el valor del precedente, es necesario conocer la doctrina del ***stare decisis***. Este principio es esencial en el sistema judicial estadounidense y establece que los tribunales deben seguir los precedentes establecidos en decisiones judiciales anteriores. En latín, *stare decisis* significa «mantenerse en lo decidido». Esto implica que, cuando un tribunal se enfrenta a un caso, debe basar su decisión en los fallos de tribunales anteriores sobre temas similares. Para que un precedente sea vinculante, el tribunal anterior debe tener autoridad sobre el tribunal actual; de lo contrario, el precedente solo tiene un valor persuasivo[8].

Stare decisis puede operar de manera horizontal y vertical. El *stare decisis* horizontal ocurre cuando un tribunal sigue sus propios precedentes, como cuando el Tribunal de Apelaciones del Séptimo Circuito sigue una decisión

---

[7] Definición adaptada de la brindada por Cornell Legal Information Institute, disponible en: https://www.law.cornell.edu/wex/common_law

[8] Definición adaptada de la brindada por Cornell Legal Information Institute, disponible en https://www.law.cornell.edu/wex/stare_decisis

previa de ese mismo tribunal. Por otro lado, el *stare decisis* vertical se aplica cuando un tribunal sigue un precedente de un tribunal superior, como cuando el Tribunal de Apelaciones del Séptimo Circuito sigue una decisión anterior de la Corte Suprema de los Estados Unidos.

Este principio es fundamental para la estabilidad y coherencia del sistema legal, asegurando que las decisiones se basen en reglas establecidas y que casos similares se resuelvan de manera uniforme a lo largo del tiempo.

Todo lo anterior no sería posible si no existiese el ***rule of law*** o estado de derecho. Este principio establece que todas las personas, instituciones y entidades deben rendir cuentas ante leyes que son públicas, aplicadas de manera equitativa, adjudicadas de forma independiente y alineadas con los principios internacionales de derechos humanos. Este concepto asegura que nadie esté por encima de la ley y que todos sean tratados con justicia y respeto[9].

Los tribunales tienen un rol crucial en la preservación del estado de derecho, ya que son responsables de escuchar y resolver las quejas de las minorías y aquellos con opiniones divergentes. Al actuar como guardianes de la justicia, los tribunales garantizan que los derechos fundamentales de todos los individuos sean protegidos y que la aplicación de la ley sea coherente y justa. Esto fomenta un sistema legal en el que la transparencia, la igualdad y el respeto por los derechos humanos son pilares fundamentales.

Estos tres conceptos serán la base del resto de teorías jurídicas en Estados Unidos que revisaremos en este capítulo y que aprenderás en la escuela de derecho.

Constitución, separación de poderes y antecedentes históricos

Entender la formación de la Constitución de los Estados Unidos es crucial para apreciar su sistema legal y político actual. Este proceso, que comenzó con las primeras colonias y culminó en la creación de un gobierno federal fuerte, está lleno de eventos significativos que sentaron las bases de la nación.

La historia de Estados Unidos comienza con la llegada de los primeros colonos europeos. En 1607, los ingleses fundaron Jamestown en Virginia, el primer asentamiento permanente en América del Norte. Este período inicial estuvo marcado por desafíos significativos, como enfermedades, conflictos con los pueblos indígenas y dificultades para obtener alimentos. Las Trece Colonias inglesas en la costa este se desarrollaron gradualmente, cada una con

[9] Definición adaptada de la brindada por United States Court, disponible en https://www.uscourts.gov/educational-resources/educational-activities/overview-rule-law

su propia estructura económica y social.

A mediados del siglo XVIII, las Trece Colonias comenzaron a prosperar, pero también crecieron las tensiones con Gran Bretaña. Las políticas fiscales y comerciales impuestas por el Parlamento británico, como los Actos de Navegación y los impuestos sin representación (por ejemplo, la Ley del Timbre de 1765 y las Leyes de Townshend de 1767), generaron un profundo descontento entre los colonos.

El 4 de julio de 1776, los representantes de las colonias adoptaron la **Declaración de Independencia,** redactada principalmente por Thomas Jefferson. Esta declaración no solo proclamaba la separación de Gran Bretaña, sino que también establecía principios fundamentales sobre los derechos y libertades individuales.

La independencia de las colonias no se aseguró fácilmente. La Guerra de Independencia de los Estados Unidos, que duró desde 1775 hasta 1783, fue un conflicto arduo y prolongado. Con el apoyo de Francia, España y los Países Bajos, las fuerzas coloniales, bajo el liderazgo de figuras clave como George Washington, finalmente lograron derrotar a las tropas británicas. El Tratado de París de 1783 reconoció formalmente la independencia de Estados Unidos.

Tras la independencia, los nuevos Estados Unidos se enfrentaron al desafío de gobernarse a sí mismos. En 1781, se adoptaron los Artículos de la Confederación, el primer intento de establecer un gobierno nacional. Sin embargo, este sistema tenía importantes debilidades, como la falta de poder para recaudar impuestos y regular el comercio, lo que llevó a una gestión ineficaz y conflictos interestatales.

En 1787, se convocó una **Convención Constitucional en Filadelfia** para abordar las deficiencias de los Artículos de la Confederación. La Convención reunió a algunos de los líderes más influyentes de la época, incluidos George Washington, James Madison, Benjamin Franklin y Alexander Hamilton. Después de intensos debates, la Convención produjo un nuevo documento: la Constitución de los Estados Unidos.

La Constitución estableció un gobierno federal con una clara separación de poderes entre el ejecutivo, el legislativo y el judicial, y un sistema de controles y equilibrios para evitar el abuso de poder. Además, introdujo un sistema de federalismo que equilibraba el poder entre el gobierno nacional y los estados.

El 17 de septiembre de 1787, la Constitución fue firmada por 39 de los 55 delegados. Para entrar en vigor, debía ser ratificada por al menos nueve de los trece estados. Este proceso de ratificación enfrentó una considerable oposición y debate, dando lugar a la creación de dos facciones principales: los Federalistas, que apoyaban la nueva Constitución, y los Anti-Federalistas, que temían la centralización del poder.

Finalmente, la promesa de añadir una **Declaración de Derechos** contenida en las primeras diez enmiendas, que garantizara la protección de libertades individuales fundamentales, ayudó a asegurar la ratificación. El 21 de junio de 1788, New Hampshire se convirtió en el noveno estado en ratificar la Constitución, permitiendo su implementación oficial el 4 de marzo de 1789.

La adopción de la Constitución de los Estados Unidos representó un momento decisivo en la formación del país. Estableció una estructura de gobierno que ha perdurado y evolucionado con el tiempo, proporcionando un marco fundamental para la gobernanza y el estado de derecho en Estados Unidos. Esta historia inicial de lucha y construcción institucional es crucial para entender el contexto en el que los abogados internacionales pueden operar hoy en día en el sistema legal estadounidense.

Para comprender plenamente a Estados Unidos es fundamental empezar con su Constitución. Escrita hace más de 200 años, cuando la nación se estaba formando a partir de las 13 colonias británicas, este documento sirve como un plano maestro. Sus siete secciones (o Artículos) delinean los componentes esenciales de cómo los redactores querían que funcionara el gobierno.

- Artículo I: el Poder Legislativo. El Artículo I establece el Poder Legislativo, cuya misión principal es crear leyes. Este poder está dividido en dos cámaras: la Cámara de Representantes y el Senado. El Congreso, que es el cuerpo legislativo, tiene el poder de redactar y aprobar leyes, pedir préstamos para la nación, declarar la guerra y levantar un ejército. Además, tiene la capacidad de controlar y equilibrar los otros dos poderes federales, asegurando que ninguno se vuelva demasiado poderoso.

- Artículo II: el Poder Ejecutivo. El Artículo II describe el Poder Ejecutivo, que maneja las operaciones diarias del gobierno a través de varios departamentos y agencias federales, como el Departamento del Tesoro. A la cabeza de este poder está el Presidente de los Estados Unidos, elegido a nivel nacional. El presidente jura un juramento para «ejecutar fielmente» las responsabilidades como presidente y «preservar, proteger y defender la Constitución de los Estados Unidos». Sus poderes incluyen hacer tratados con otras naciones, nombrar jueces federales, jefes de departamentos y embajadores, y determinar la mejor manera de dirigir el país y las operaciones militares.

- Artículo III: el Poder Judicial. El Artículo III define los poderes del sistema judicial federal. Establece que la corte de última instancia es la Corte Suprema de los Estados Unidos y que el Congreso tiene el poder de determinar el tamaño y alcance de las cortes inferiores. Todos los jueces son nombrados de por vida, a menos que renuncien o sean destituidos por mala conducta.

Aquellos que enfrentan cargos deben ser juzgados y evaluados por un jurado de sus pares, garantizando un proceso judicial justo.

- **Artículo IV: los estados.** El Artículo IV define la relación entre los estados y el gobierno federal. El gobierno federal garantiza una forma republicana de gobierno en cada estado, protege a la nación y a su gente de la violencia extranjera o doméstica, y determina cómo nuevos estados pueden unirse a la Unión. Además, sugiere que todos los estados son iguales entre sí y deben respetar las leyes y decisiones judiciales de los otros estados.

- **Artículo V: enmiendas.** El Artículo V permite que las futuras generaciones puedan enmendar la Constitución si la sociedad lo requiere. Tanto los estados como el Congreso tienen el poder de iniciar el proceso de enmienda, permitiendo que la Constitución evolucione con el tiempo para adaptarse a nuevas realidades y necesidades.

- **Artículo VI: deudas, supremacía, juramentos.** El Artículo VI establece que la Constitución de los Estados Unidos y todas las leyes derivadas de ella son la «Ley Suprema del País». Todos los funcionarios, ya sean miembros de las legislaturas estatales, del Congreso, del poder judicial o del Ejecutivo, deben jurar un juramento a la Constitución, asegurando su lealtad y cumplimiento.

- **Artículo VII: ratificación.** El Artículo VII detalla los procedimientos de ratificación de la Constitución, incluyendo a todas las personas que firmaron el documento, representando a los 13 estados originales. Este proceso de ratificación fue crucial para la implementación y aceptación del nuevo marco de gobierno en todo el país.

Posterior a estos artículos, se encuentran las enmiendas. Las enmiendas a la Constitución de los Estados Unidos son modificaciones o adiciones que han sido adoptadas para abordar cuestiones no contempladas originalmente por los redactores del documento. Desde su ratificación en 1787, la Constitución ha sido enmendada 27 veces. Estas enmiendas incluyen la **Carta de Derechos** (las primeras diez enmiendas), que garantiza libertades fundamentales como la libertad de expresión y religión, y otras enmiendas que han abordado temas importantes como la abolición de la esclavitud, la definición de ciudadanía y el derecho al voto, entre otros. Las enmiendas reflejan la capacidad de la Constitución para adaptarse y evolucionar con el tiempo, asegurando que continúe protegiendo los derechos y necesidades de los ciudadanos estadounidenses.

La **Primera Enmienda** asegura que el Congreso no promulgue ninguna ley que establezca una religión oficial ni que prohíba la libre práctica de la religión. Además, protege la libertad de expresión, de prensa, de reunión y el derecho a pedir al gobierno la reparación de agravios. Esto garantiza que los ciudadanos puedan expresar sus opiniones, practicar cualquier religión y reunirse pacíficamente sin interferencia gubernamental.

La **Segunda Enmienda** otorga a los ciudadanos el derecho a poseer y portar armas. Este derecho ha sido tema de intenso debate y discusión en la política y jurisprudencia estadounidenses, especialmente en relación con la seguridad pública y los derechos individuales.

La **Tercera Enmienda** prohíbe al gobierno alojar tropas en casas privadas sin el consentimiento del propietario. Esta enmienda surgió como respuesta directa a las quejas durante la Revolución Americana, cuando los colonos eran obligados a alojar soldados británicos en sus hogares.

La **Cuarta Enmienda** protege a los ciudadanos contra registros y confiscaciones irrazonables. El gobierno no puede realizar búsquedas sin una orden judicial, y dichas órdenes deben ser emitidas por un juez basándose en una causa probable. Esto asegura la privacidad y la seguridad de los ciudadanos frente a intervenciones arbitrarias del Estado.

La **Quinta Enmienda** establece que los ciudadanos no pueden ser sometidos a enjuiciamiento penal y castigo sin el debido proceso legal. Además, protege contra la doble incriminación, garantizando que una persona no pueda ser juzgada dos veces por el mismo delito. También incluye la protección contra la autoincriminación, permitiendo a las personas el derecho a guardar silencio. La enmienda también aborda el poder de expropiación, asegurando que la propiedad privada no sea tomada para uso público sin una compensación justa.

La **Sexta Enmienda** garantiza el derecho a un juicio rápido y público por un jurado imparcial. También asegura que los acusados sean informados de los cargos en su contra, confronten a los testigos del gobierno, y puedan obtener testigos en su defensa. Además, otorga el derecho a la representación legal, asegurando que todos los acusados tengan acceso a un abogado.

La **Séptima Enmienda** preserva el derecho a un juicio por jurado en casos civiles. Esto garantiza que las disputas civiles, generalmente aquellas que involucran demandas por daños monetarios, puedan ser decididas por un grupo de ciudadanos en lugar de solo por un juez.

La **Octava Enmienda** prohíbe la imposición de fianzas y multas excesivas, así como castigos crueles e inusuales. Esta enmienda es crucial para asegurar que el sistema de justicia sea justo y humano, evitando penas desproporcionadas y abusivas.

La **Novena Enmienda** declara que la lista de derechos enumerados en la Constitución no es exhaustiva, y que el pueblo retiene todos los derechos no enumerados. Esto significa que los ciudadanos poseen más derechos de los que se especifican explícitamente en la Constitución.

La **Décima Enmienda** asigna todos los poderes no delegados al gobierno federal, ni prohibidos a los estados, a los estados o al pueblo. Esta enmienda subraya el principio del federalismo, asegurando que los estados retengan la autoridad sobre todas las áreas no específicamente asignadas al gobierno federal.

La Carta de Derechos no solo establece los derechos fundamentales de los ciudadanos, sino que también crea un marco legal para proteger esos derechos frente a la injerencia del gobierno, asegurando así una sociedad justa y equitativa.

Federalismo

Otro concepto esencial para entender el funcionamiento legal de Estados Unidos es el federalismo. El **federalismo** es un sistema de gobierno en el cual el mismo territorio es controlado por dos niveles de gobierno. Generalmente, un gobierno nacional se encarga de la gobernanza de áreas territoriales más amplias, mientras que las subdivisiones más pequeñas, como los estados y ciudades, manejan asuntos de preocupación local[10].

Ambos, el gobierno nacional y las subdivisiones políticas más pequeñas, tienen el poder de crear leyes y poseen un cierto nivel de autonomía entre sí. Este sistema de distribución de poder permite que tanto el gobierno federal como los gobiernos estatales tengan autoridad para legislar.

En Estados Unidos, la Constitución ha establecido un sistema de «soberanía dual», en el cual los estados han cedido muchos de sus poderes al gobierno federal, pero también han retenido cierta soberanía. Ejemplos de esta soberanía dual se describen en la Constitución de los Estados Unidos.

Como vimos anteriormente, el **Artículo VI de la Constitución** de los Estados Unidos contiene la Cláusula de Supremacía. Esto significa que cuando las leyes del gobierno federal están en conflicto con las leyes del gobierno estatal, la ley federal prevalecerá sobre la ley estatal.

El **Artículo I, Sección 8 de la Constitución** describe poderes específicos que pertenecen al gobierno federal, conocidos como poderes enumerados. Entre estos poderes se incluyen la capacidad de regular el comercio interestatal, acuñar moneda y mantener fuerzas armadas, entre otros. Por su lado, la **Décima Enmienda** reserva poderes a los estados, siempre y cuando esos poderes no sean delegados al gobierno federal. Esto incluye la creación de sistemas escolares, supervisión de tribunales estatales, creación de sistemas de seguridad pública, manejo de negocios y comercio dentro del estado, y

[10] Definición adaptada de la brindada por Cornell Legal Information Institute, disponible en https://www.law.cornell.edu/wex/federalism

administración del gobierno local.

El federalismo influye en muchos aspectos del estudio y la práctica del derecho en Estados Unidos. Por ejemplo, al estudiar su Procedimiento Civil, es crucial recordar que existe un sistema judicial federal y que cada estado tiene su propio sistema judicial. Por lo tanto, el proceso de elegir un tribunal requiere que los abogados y estudiantes de derecho analicen si un caso pertenece a un tribunal federal, a un tribunal estatal, o si las partes tienen la opción de elegir.

Sistemas de cortes federales y estatales

En Estados Unidos, existe una estructura legal diversa que comprende más de 50 sistemas jurídicos, ya que cada uno de los 50 estados, junto con el gobierno federal, tiene su propia constitución, estatutos y tribunales.

El fundamento del sistema judicial federal se encuentra en el **Artículo III de la Constitución** de los Estados Unidos, que establece la **Corte Suprema** como la máxima autoridad judicial del país. La Corte Suprema, frecuentemente denominada como el «tribunal de última instancia», posee la jurisdicción de apelación más elevada dentro del sistema federal. El Artículo III también otorga al Congreso la facultad de crear tribunales federales inferiores a la Corte Suprema. Estos tribunales y jueces son comúnmente referidos como tribunales y jueces del Artículo III.

Las cortes federales tienen jurisdicción limitada, lo que implica que solo pueden conocer casos específicos delineados en el Artículo III, Sección 2 de la Constitución de Estados Unidos y en los estatutos del Congreso. Esto les da jurisdicción sobre casos y controversias que involucran una cuestión federal, implican partes de diferentes estados (diversidad de ciudadanía) o se desarrollan entre dos estados.

Las cortes federales están organizadas en varios niveles, que incluyen:

1. Cortes de Distrito de los Estados Unidos (United States District Courts): actúan como tribunales de primera instancia en el sistema federal. Cada estado tiene al menos un distrito judicial federal, con algunos estados teniendo múltiples distritos.

2. Cortes de Apelaciones de Estados Unidos: también conocidas como Cortes de Circuito, manejan apelaciones. Existen 13 Cortes de Circuito. Los primeros 11 circuitos están distribuidos geográficamente. Por ejemplo, la Corte de Apelaciones del Segundo Circuito cubre Connecticut, Nueva York y Vermont, mientras que el Noveno Circuito abarca estados como California, Arizona y Washington. Además de las cortes mencionadas, existen dos cortes de apelación adicionales: la Corte de Apelaciones del Circuito del Distrito de Columbia y la Corte de Apelaciones del Circuito Federal, que tiene jurisdicción sobre casos especializados como contratos gubernamentales y patentes.

Cuando una decisión de una Corte de Circuito federal es apelada, la revisión se lleva a cabo en la Corte Suprema de los Estados Unidos, que puede decidir si acepta escuchar una apelación de estas cortes, concediendo certiorari en un número muy limitado de casos. Este sistema asegura que los casos de relevancia nacional sean manejados de manera eficiente y uniforme, garantizando una interpretación coherente de las leyes federales en todo el país.

Este gráfico a continuación es útil para comprender las diferentes cortes en el sistema federal[11]:

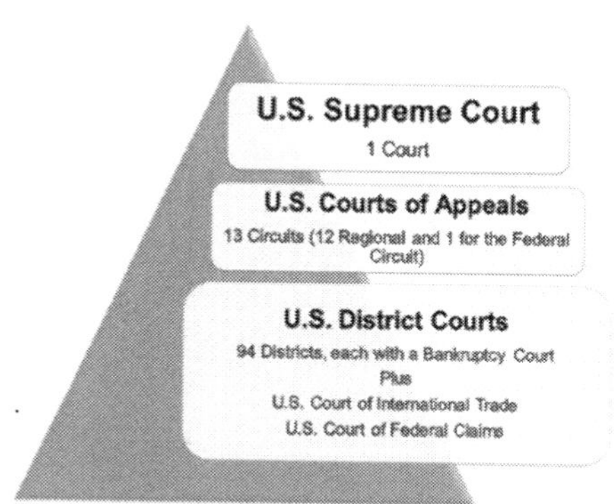

De igual forma, este mapa brinda un entendimiento geográfico de los diferentes circuitos de cortes de apelación a nivel nacional[12]:

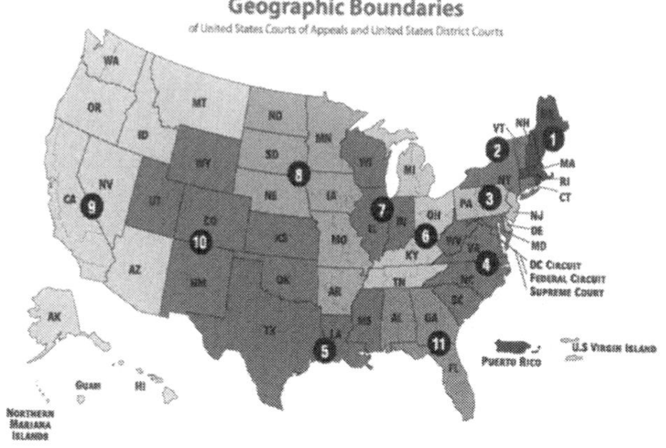

[11] Imagen propiedad del Judicial Learning Center, disponible en https://judiciallearningcenter.org/levels-of-the-federal-courts/

[12] Imagen propiedad de la página web de United States Courts, disponible en https://www.uscourts.gov/about-federal-courts/federal-courts-public/court-website-links

Por otro lado, las cortes estatales en Estados Unidos están organizadas de manera similar a las cortes federales, con una estructura escalonada que incluye varios niveles de jurisdicción. Cada estado tiene su propio sistema judicial, compuesto por:

1. Cortes de primera instancia: este es el nivel básico donde se escuchan inicialmente los casos. La denominación de estas cortes varía de estado a estado. Por ejemplo, en Connecticut se llaman «cortes superiores», mientras que en Florida se denominan «cortes de circuito».

2. Cortes de apelación intermedias: muchos estados cuentan con este nivel intermedio de revisión, donde se manejan las apelaciones de las cortes de primera instancia. Estas cortes aseguran que los casos sean revisados adecuadamente antes de llegar a la corte más alta del estado.

3. Corte Suprema estatal: cada estado tiene una corte de mayor jerarquía, usualmente llamada Corte Suprema, aunque no siempre lleva ese nombre. Esta corte es la instancia final en la interpretación de la constitución y las leyes estatales, y sus decisiones son definitivas dentro de la jurisdicción del estado.

Las cortes estatales tienen jurisdicción general dentro del territorio del estado, lo que significa que pueden escuchar una amplia gama de casos, incluyendo aquellos relacionados con la constitución y los estatutos del estado[13]. Además de las cortes generales, muchos estados tienen cortes especializadas para manejar tipos específicos de casos. Por ejemplo, hay cortes que se enfocan en disputas de bajo monto, conocidas comúnmente como «cortes de reclamos menores». También, algunos estados tienen cortes para asuntos comerciales complejos, diseñadas para manejar disputas empresariales de alta complejidad.

Es importante notar que los nombres de las cortes varían considerablemente de un estado a otro. Aunque esto puede ser confuso, la estructura escalonada del sistema judicial se mantiene consistente, con niveles que permiten la revisión y apelación de los casos de manera ordenada y sistemática.

Las decisiones de las cortes estatales, incluyendo aquellas emitidas por las cortes supremas estatales, pueden ser apeladas ante la Suprema Corte de los Estados Unidos bajo ciertas circunstancias. Esta apelación es posible cuando un caso involucra cuestiones federales, como la interpretación de la Constitución de los Estados Unidos o de leyes federales. Si una parte cree que una decisión estatal viola derechos constitucionales o contradice la legislación federal, puede solicitar que la Suprema Corte de los Estados Unidos revise el

---

13 Definición adaptada de la brindada por Cornell Legal Information Institute, disponible en https://www.law.cornell.edu/wex/state_court

caso. Sin embargo, la Suprema Corte tiene discreción en aceptar o rechazar estas apelaciones a través de un proceso conocido como concesión de certiorari. Este mecanismo asegura que solo los casos de mayor importancia constitucional o federal sean revisados, manteniendo un equilibrio entre la soberanía de los estados y la autoridad del gobierno federal.

Escritura Legal En Estados Unidos

La **escritura legal en Estados Unidos** sigue métodos estructurados que se basan en principios lógicos y formatos establecidos. Un profundo entendimiento de estos métodos es esencial para desempeñarse con éxito en la escuela de derecho, en exámenes profesionales como el bar exam, y en la práctica legal diaria. La base de este sistema se encuentra en el silogismo y el uso de analogías y comparaciones, y se aplica en estructuras específicas como IRAC y sus variaciones.

El silogismo es una forma de razonamiento deductivo que consiste en tres partes:

1. Premisa mayor: Esta premisa establece una regla o principio legal general. Por ejemplo, «todos los contratos no ejecutados de buena fe son nulos».

2. Premisa menor: Aquí se aplican los hechos específicos del caso a la regla general. Por ejemplo, «el contrato entre A y B fue ejecutado con intención fraudulenta».

3. Conclusión: basándose en las premisas anteriores, se llega a una conclusión lógica. Por ejemplo, «por lo tanto, el contrato entre A y B es nulo».

El silogismo proporciona una estructura clara y lógica para el análisis legal, ayudando a los abogados a formular argumentos sólidos y coherentes.

Además del silogismo, las analogías y comparaciones son herramientas cruciales en la escritura legal. Estas técnicas permiten a los abogados relacionar el caso en cuestión con casos anteriores (precedentes), ayudando a persuadir al juez de que una decisión similar debería aplicarse. Por ejemplo, si un tribunal ha decidido previamente que cierto tipo de comportamiento constituye negligencia, un abogado puede argumentar que el comportamiento similar en el caso actual también debería considerarse negligente.

Método IRAC de escritura legal

El método más utilizado en la comunidad legal estadounidense es IRAC, que es un acrónimo de *Issue* (Problema), *Rule* (Regla), *Analysis* (Análisis) y *Conclusion* (Conclusión).

- ***Issue*** **(Problema).** El primer paso en la metodología IRAC es identificar la cuestión legal que se está analizando. Esto no solo implica formular una pregunta legal clara, sino también incorporar algunos de los hechos y partes esenciales del caso que son relevantes para esa pregunta. La formulación adecuada del problema es crucial, ya que enmarca todo el análisis subsiguiente. Por ejemplo, en un caso de negligencia, la cuestión podría ser: «¿cometió negligencia el acusado al no proporcionar señalización adecuada en la obra en construcción?». Aquí es importante destacar tanto las partes involucradas como los hechos específicos del caso.

- ***Rule*** **(Regla).** La segunda parte de IRAC implica establecer la regla de derecho aplicable. Esta sección debe incluir la ley, los principios legales relevantes y los precedentes judiciales que se aplican al problema identificado. Es esencial ser preciso y exhaustivo en esta sección, citando estatutos, regulaciones y casos previos que definan la regla legal que se está aplicando. Por ejemplo, en el contexto de un caso de negligencia, esto podría incluir el estándar de cuidado razonable establecido por la jurisprudencia y cualquier estatuto específico que sea relevante. La regla debe estar claramente articulada para que el lector pueda entender cómo se aplicará en la siguiente sección.

- ***Analysis*** **(Análisis).** El análisis es la parte más extensa y detallada de la metodología IRAC. Aquí se aplica la regla de derecho a los hechos del caso específico. Esta sección debe mostrar un razonamiento lógico y sistemático, demostrando cómo la regla de derecho se relaciona con las circunstancias particulares. Es fundamental desglosar cada elemento de la regla y compararlo con los hechos del caso, utilizando analogías con casos anteriores cuando sea pertinente. Por ejemplo, si la regla establece que debe haber un deber de cuidado y una violación de dicho deber para que exista negligencia, el análisis debe examinar si en este caso específico existía un deber de cuidado y si dicho deber fue violado por las acciones del acusado.

- ***Conclusion*** **(Conclusión).** La conclusión es la respuesta directa a la cuestión legal planteada en la sección de *Issue*, basada en el análisis realizado. Esta sección debe ser clara y concisa, resumiendo los hallazgos del análisis y respondiendo específicamente a la pregunta legal. Por ejemplo, en el caso de negligencia, la conclusión podría ser: «por lo tanto, el acusado cometió negligencia al no proporcionar señalización adecuada en la obra en construcción, ya que existía un deber de cuidado que fue violado, resultando en daños previsibles».

El formato IRAC es altamente estructurado, lo que ayuda a los estudiantes y profesionales del derecho a organizar sus pensamientos y argumentos de manera clara y lógica. Al seguir este método, se asegura que todos los aspectos relevantes del caso se aborden de manera sistemática. Además, el uso de IRAC facilita la evaluación objetiva de argumentos legales, ya que cada paso del razonamiento está claramente delineado.

Ventajas del uso de IRAC

1. **Claridad y precisión:** obliga a los abogados a ser precisos y claros en su análisis, asegurando que no se pasen por alto detalles importantes.
2. **Organización estructurada:** su estructura lógica facilita la presentación de argumentos de manera coherente y ordenada.
3. **Consistencia**: su uso consistente ayuda a estandarizar la escritura legal, haciendo que los documentos legales sean más fáciles de seguir y entender.
4. **Eficacia en la comunicación:** mejora la comunicación de ideas complejas, permitiendo a los abogados articular sus argumentos de manera persuasiva y comprensible.

Variaciones de IRAC

Existen varias variaciones de IRAC, cada una adaptada para diferentes contextos legales, pero todas mantienen la estructura básica de análisis legal. Algunas de las variaciones más comunes incluyen:

- **CREAC:** *Conclusion, Rule, Explanation, Application, Conclusion.* Esta estructura comienza y termina con la conclusión, enfatizando la respuesta al problema legal desde el principio.
- **IREAC:** *Issue, Rule, Explanation, Application, Conclusion.* Es similar, pero añade una explicación detallada de la regla antes del análisis.
- **CRAC:** *Conclusion, Rule, Analysis, Conclusion.* Enfatiza las conclusiones inicial y final, con un enfoque directo en la regla y el análisis.

Un profundo entendimiento de estos sistemas es esencial para el éxito académico y profesional en el ámbito legal en Estados Unidos. En la escuela de derecho, estas estructuras son fundamentales para realizar asignaciones, escribir ensayos y abordar exámenes. En la práctica profesional, son indispensables para redactar documentos legales claros y persuasivos, y para presentar argumentos sólidos ante los tribunales. Dominar el silogismo, las analogías, las comparaciones y los formatos como IRAC y sus variaciones permite a los abogados estructurar su pensamiento y comunicar sus ideas de manera efectiva, lo cual es crucial para su desempeño en el sistema legal estadounidense.

Ejemplo de texto escrito con IRAC

Este ejemplo de IRAC destaca por su claridad y organización, lo cual lo convierte en un modelo efectivo para analizar problemas legales. Comienza identificando claramente el problema jurídico y luego establece una regla basada en las leyes aplicables. El análisis examina cómo estos principios legales se aplican a los hechos específicos del caso, proporcionando un entendimiento profundo de la situación. Finalmente, la conclusión ofrece una respuesta directa y fundamentada al problema inicial, mostrando cómo el razonamiento jurídico puede llevar a una resolución coherente y bien fundamentada.

Problema (*Issue*):

La cuestión es si las partes son ciudadanos de diferentes estados y el monto en controversia excede los $75,000, cumpliendo así con los requisitos de la jurisdicción por diversidad de ciudadanía.

Comentario: al formular el problema, es crucial incorporar partes de la regla y los hechos específicos del caso para plantear la pregunta de manera clara y precisa. Esto ayuda a enfocar el análisis en el punto central de la controversia.

Regla (*Rule*):

Los tribunales federales tienen una jurisdicción limitada, por lo que solo pueden conocer casos específicos. El Código de los Estados Unidos, 28 USC, establece las circunstancias en las que se puede presentar una demanda en un tribunal de distrito federal, incluyendo los casos de cuestión federal y la jurisdicción por diversidad de ciudadanía. Específicamente, la diversidad de ciudadanía requiere que cualquier demandante en el caso sea ciudadano de un estado diferente al de cualquier demandado, y que el monto en controversia exceda los $75,000. En cuanto al domicilio, se considera la presencia física en el estado y el interés de permanecer allí indefinidamente. El domicilio relevante es el que existía al momento de presentar la demanda. En relación con el monto en controversia, un mismo demandante puede agregar todas las reclamaciones necesarias contra el mismo demandado para superar el requisito de los $75,000.

Comentario: al escribir la regla, organiza la información desde lo general hasta lo específico, como un triángulo invertido. Comienza con la jurisdicción general y avanza hacia los detalles específicos del caso y las reglas aplicables.

Análisis (*Analysis*):

En este caso, la demanda se presentó en un tribunal de distrito federal, por lo que debe haber jurisdicción basada en una cuestión federal o en la diversidad de ciudadanía. Claramente, no hay una cuestión federal involucrada ya que tanto el contrato como la reclamación por agravio surgen del derecho estatal. Por lo tanto, es necesario analizar si se cumplen los requisitos de la diversidad. Al momento de presentar la demanda, el comprador, como demandante, ya se había mudado al Estado Y y decidió establecerse permanentemente allí, formando su ciudadanía en el Estado Y. Al mismo tiempo, el vendedor seguía siendo ciudadano del Estado X porque no se había trasladado al Estado Y hasta una semana después de presentada la demanda. Además, respecto al monto en controversia, aunque la demanda por contrato es solo de $2,500, el demandante puede agregar tantas reclamaciones como desee contra el mismo demandado, por lo que el monto total aquí es de $502,500, satisfaciendo así también el requisito del monto en controversia.

Comentario: en el análisis, cada oración debe reflejar una oración de la regla aplicada a los hechos específicos del caso. Esto ayuda a demostrar cómo se llega a la conclusión a través de la aplicación lógica de la regla a las circunstancias particulares.

Conclusión (*Conclusion*):

Por lo tanto, el tribunal no debería desestimar las reclamaciones por agravio ni por contrato, ya que existe jurisdicción sobre la materia basada en la diversidad de ciudadanía.

Comentario: la conclusión debe responder directamente a la pregunta inicial del problema. Es esencial que sea clara y directa, proporcionando una resolución basada en el análisis previo.

En términos generales, es recomendable separar cada sección, aunque no necesariamente ponerle nombre. El ejemplo de IRAC presentado proporciona una guía práctica sobre cómo aplicar este método a casos reales. Al desglosar cada componente y ofrecer recomendaciones detalladas para su elaboración, se demuestra cómo estructurar un análisis legal efectivo. Practicar con ejemplos como este ayuda a los estudiantes a dominar la técnica, permitiéndoles abordar problemas legales con mayor confianza y precisión. El IRAC no solo organiza el pensamiento jurídico, sino que también refuerza la capacidad de argumentar de manera lógica y convincente, habilidades esenciales tanto en el ámbito académico como profesional.

¿Crees estar listo para aplicarlo?

Pon en práctica la estructura IRAC

Hechos:

Una tienda de electrónica llamada TechWorld publicó un anuncio en el periódico que decía: «este sábado a las 10 a.m., los primeros 5 clientes recibirán un nuevo smartphone de última generación por solo $5.00. No se aceptarán reservas previas». El Sr. Rodríguez llegó a la tienda a las 9:30 a.m. y fue uno de los primeros 5 clientes en la fila. Sin embargo, cuando intentó comprar el smartphone, el gerente de la tienda le dijo que la oferta era solo para clientes que ya hubieran comprado un producto en TechWorld en el último año. El Sr. Rodríguez nunca había comprado en TechWorld antes, por lo que no le vendieron el smartphone. El Sr. Rodríguez decidió demandar a TechWorld por incumplimiento de contrato.

¿Puede el Sr. Rodríguez ganar una demanda para obligar a TechWorld a cumplir con los términos del anuncio?

***Rule of law*:**

En el caso Lefkowitz v. Great Minneapolis Surplus Store, Inc., la corte decidió que un anuncio puede constituir una oferta si es claro, definitivo y no deja nada a la negociación, de modo que un destinatario razonable pueda concluir que se ha hecho una oferta. Una vez aceptada, se forma un contrato válido. Las restricciones no mencionadas en la oferta original no pueden ser aplicadas posteriormente.

Instrucciones:

Utiliza el método IRAC para analizar este problema.

1. ***Issue* (problema):** identifica la cuestión legal que se está analizando.
2. ***Rule* (regla):** describe la regla general proporcionada.
3. ***Analysis* (análisis):** aplica la regla a los hechos del caso.
4. ***Conclusion* (conclusión):** llega a una conclusión basada en tu análisis.

¿Sabías qué?

El caso real de **Lefkowitz v. Minneapolis Surplus Store** ocurrió en 1957 y se centra en una disputa sobre la venta de un abrigo de piel. En resumen, Lefkowitz vio un anuncio en el periódico que ofrecía «abrigos de piel de primera calidad, valorados en $100, por solo $1». Lefkowitz fue uno de los primeros en llegar a la tienda, pero se le negó la venta del abrigo debido a una política de la tienda que limitaba la oferta solo a mujeres. Lefkowitz demandó a la tienda argumentando que había aceptado la oferta anunciada y que la tienda había incumplido el contrato al negarse a venderle el abrigo.

La Corte Suprema de Minnesota sostuvo que el anuncio era una oferta unilateral y que Lefkowitz había aceptado la oferta al presentarse en la tienda. La corte determinó que la política de la tienda que restringía la oferta a mujeres era inválida y que Lefkowitz tenía derecho a comprar el abrigo por el precio anunciado.

Si te sientes motivado para realizar un ensayo IRAC sobre el ejemplo planteado, ¡adelante! Puedes enviarlo a mi correo electrónico laramaike25@gmail.com para recibir comentarios y retroalimentación sobre tu análisis. Estoy aquí para ayudarte en lo que necesites.

Lectura De Textos Legales

Los abogados deben enfrentarse a una gran variedad de textos, incluyendo casos, memorandos, mociones, contratos, estatutos, y regulaciones, entre otros. Sin embargo, uno de los elementos más importantes para comprender el discurso legal en Estados Unidos son los casos judiciales. Familiarizarse con la estructura y los componentes de los casos es esencial para una lectura efectiva y un análisis jurídico adecuado.

Para abordar la lectura de textos legales de manera efectiva, es útil primero hacer una lectura rápida para obtener una idea general de las principales ideas y la organización del caso. Este enfoque permite identificar rápidamente la estructura y los puntos clave antes de una lectura más detallada. Subrayar, resaltar o circular palabras y frases importantes ayuda a destacar los elementos esenciales del texto. Además, tener un diccionario a mano puede ser útil para entender términos legales desconocidos. Escribir notas breves en los márgenes puede facilitar la referencia rápida y ayudar a resumir ideas, hacer preguntas o destacar puntos importantes durante la lectura.

Elementos de un caso

Leyenda del caso (*Caption*). La leyenda del caso incluye información esencial como el nombre de las partes involucradas y la identificación del caso. Este componente es fundamental para contextualizar el caso y entender quiénes están implicados en la disputa legal. Saber quiénes son las partes proporciona una base para comprender la dinámica y las relaciones que llevaron al litigio.

Citación del caso (*Case Citation*). La citación del caso proporciona la referencia legal específica del caso, indicando dónde puede encontrarse en los reportes judiciales. Esto es crucial para la verificación y consulta de los detalles del caso en el contexto legal. Una citación precisa permite a los abogados y estudiantes de derecho localizar rápidamente el caso y revisar sus detalles completos en los archivos legales pertinentes.

Las citas de casos son esenciales para la investigación y redacción legal, permitiendo referenciar con precisión decisiones judiciales previas. Cada parte de una cita de caso proporciona información específica que ayuda a localizar el caso. Aquí tienes un desglose de las secciones típicas que se encuentran en una cita de caso[14].

[14] Imágen propiedad del Richmond Law Library, disponible en https://law-richmond.libguides.com/c.php?g=129583&p=846335

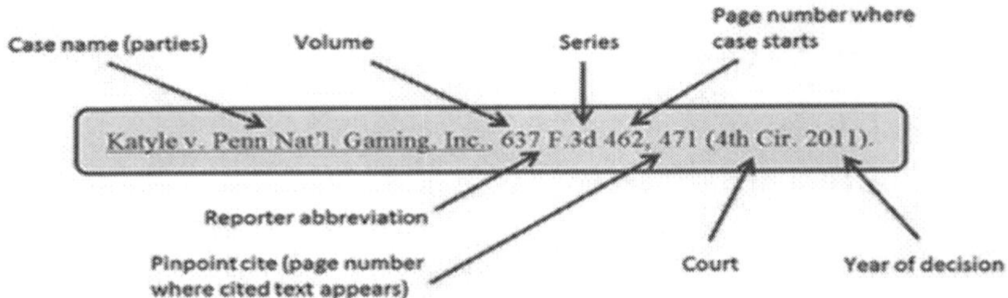

El nombre del caso incluye los nombres de las partes involucradas en el caso. El nombre del demandante generalmente se lista primero, seguido del nombre del demandado. El número de volumen indica el volumen del reportero en el cual se publica el caso. Los reporteros son colecciones de decisiones judiciales y cada volumen contiene múltiples casos. La abreviatura del reportero identifica la serie específica de reporteros que publica el caso. Abreviaturas comunes incluyen «U.S. » para United States Reports y «F.2d» para Federal Reporter, Second Series. La primera página del caso indica la página en la cual comienza el caso en el volumen del reportero. La sección de corte y año especifica la corte que decidió el caso y el año de la decisión.

Autor de la opinión (*Author of the Opinion*). Conocer el autor de la opinión puede ofrecer perspectiva sobre el enfoque y la interpretación de la ley, ya que diferentes jueces pueden tener enfoques variados sobre cuestiones legales similares. El estilo y la filosofía judicial del autor pueden influir significativamente en la redacción y las conclusiones del caso, proporcionando contexto adicional para el análisis legal.

Hechos (*Facts*). Los hechos del caso narran la historia y los eventos que llevaron a la disputa legal, describiendo las acciones y eventos que condujeron a la demanda entre las partes. Esta sección describe el problema o disputa que ocurrió antes de que se presentara la demanda, situando la secuencia de eventos en una línea de tiempo que precede a la fecha de presentación de la demanda. Los hechos suelen encontrarse al principio del caso, utilizan el tiempo pasado y no contienen citas legales, proporcionando una narrativa clara y cronológica de los eventos relevantes.

Historia procesal (*Procedural History*). La historia procesal describe las decisiones legales de los tribunales inferiores y da detalles de los argumentos legales presentados antes del juicio, durante el juicio o en apelación. Esta sección narra las acciones y eventos que ocurrieron cuando y después de que se presentó la demanda, contando cómo el caso avanzó a través del sistema judicial. A menudo se usa el tiempo pasado y se mencionan términos como tribunal de primera instancia, apelación, mociones y resoluciones interinas. La historia procesal suele aparecer al principio del caso.

Problema (*Issue*). El problema del caso establece las preguntas legales que el tribunal debe resolver. Esta sección utiliza el tiempo presente o pasado y generalmente está formulada como una pregunta. Utiliza frases como «la cuestión es si...» (the issue is whether). Los problemas pueden ser de naturaleza procedimental, sustantiva o ambos, y son fundamentales para comprender el enfoque del tribunal en el caso.

Regla o Norma Legal (*Rule or Rule of Law*). La regla o norma legal explica la ley que el tribunal está aplicando, incluyendo citas legales. Las fuentes de la ley pueden ser estatutos, decisiones judiciales, constituciones estatales o federales, o regulaciones administrativas. Esta sección puede citar tratados y otras fuentes secundarias y utiliza frecuentemente el tiempo presente. Las declaraciones suelen ser generales y no específicas a los hechos del caso.

Análisis, discusión y razonamiento (*Analysis, Discussion, Reasoning, and Rationale*). El análisis aplica reglas existentes de la jurisprudencia a los hechos del caso, comparando el caso con casos previos similares. Proporciona razones que respaldan las decisiones y explica la lógica del tribunal detrás de su fallo. A menudo se discuten las decisiones de otros tribunales, utilizando el tiempo pasado. Esta sección puede contener citas legales y hacer comparaciones, analogías o sugerencias de situaciones hipotéticas.

Decisión (*Holding*). La decisión del caso proporciona la respuesta del tribunal a las cuestiones planteadas y resuelve los problemas del caso. Utiliza tanto el tiempo presente como el pasado y frases comunes como «sostenemos que...» o «concluimos que...». Esta sección contiene información específica sobre el caso y establece claramente la decisión del tribunal.

Disposición (*Disposition*). La disposición del caso indica la acción específica que el tribunal toma para resolver el caso. Utiliza palabras clave como «afirmado», «revocado» o «remitido» y aparece generalmente al final del caso. La disposición es crucial para entender el resultado final del caso y las implicaciones legales de la decisión del tribunal.

Dominar estas estrategias de lectura y entender los componentes de un caso es vital para cualquier estudiante de derecho o profesional del derecho. La capacidad de analizar y sintetizar información legal de manera efectiva no solo mejora la comprensión de la materia, sino que también es crucial para la práctica diaria del derecho.

¿Cómo se ve un caso?

A continuación, verás un caso clásico para que practiques la identificación de las diferentes secciones de un caso judicial. Este caso, **James L. O'Keefe**

v. Lee Calan Imports, Inc. v. Field Enterprises, Inc., involucra una disputa sobre un anuncio publicitario y un presunto contrato de venta de un automóvil a un precio erróneo. A medida que leas el caso, intenta identificar las secciones clave que hemos discutido: los hechos, el problema, la regla, el análisis y la conclusión. Este ejercicio te ayudará a familiarizarte con la estructura de un caso y a mejorar tu capacidad para hacer un «case brief» de manera efectiva.

James L. O'Keefe v. Lee Calan Imports, Inc. v. Field Enterprises, Inc.

128 Ill. App. 2d 410 (Tribunal de Apelaciones de Illinois, Primer Distrito, Tercera División 1970)

Opinión

McNAMARA, Juez.

Christopher D. O'Brien demandó al acusado por un presunto incumplimiento de contrato. O'Brien murió después de presentar la demanda y el administrador de su patrimonio fue sustituido en su lugar. Field Enterprises, Inc. fue añadido como tercer demandado, pero fue desestimado del caso y esa orden de desestimación no está involucrada en esta apelación. El demandante y el acusado presentaron mociones cruzadas para un juicio sumario. El tribunal denegó la moción de juicio sumario del demandante y concedió la moción del acusado. Esta apelación sigue. Los hechos presentados en los alegatos y en las mociones cruzadas de juicio sumario no están en disputa.

El 31 de julio de 1966, el acusado anunció un Volvo Station Wagon 1964 en venta en el Chicago Sun-Times. El acusado había instruido al periódico que anunciara el precio del automóvil en $1,795. Sin embargo, debido a un error del periódico y sin culpa del acusado, el periódico insertó un precio de $1,095 para dicho automóvil en el anuncio. O'Brien visitó el negocio del acusado, examinó el automóvil y expresó su deseo de comprarlo por $1,095. Uno de los vendedores del acusado inicialmente aceptó, pero luego se negó a vender el automóvil por el precio erróneo listado en el anuncio.

El demandante apela, argumentando que el anuncio constituía una oferta por parte del acusado, que O'Brien aceptó debidamente y, por lo tanto, las partes formaron un contrato vinculante. El demandante también sostiene que el anuncio constituía un memorando escrito que satisfacía los requisitos del Estatuto de Fraudes.

Es fundamental que para formar un contrato debe haber una oferta y una aceptación. Un contrato requiere el consentimiento mutuo de las partes. Calo, Inc. v. AMF Pinspotters, Inc., 31 Ill.App.2d 2, 176 N.E.2d 1 (1961).

El tema preciso de si un anuncio en un periódico constituye una oferta que puede ser aceptada para formar un contrato o si dicho anuncio es meramente una invitación a hacer una oferta no ha sido determinado por los tribunales de Illinois. La mayoría de las jurisdicciones que han tratado el tema han considerado dicho anuncio como una mera invitación a hacer una oferta, a menos que las circunstancias indiquen lo contrario. 157 A.L.R. 744 (1945).

Como se expresó en Corbin on Contracts § 25 (1963): «Es bastante posible hacer una oferta definitiva y operativa para comprar o vender bienes mediante un anuncio, en un periódico, mediante un volante o en un cartel en una vitrina de una tienda. Sin embargo, no es costumbre hacerlo así; y la presunción es la contraria. Ni el anunciante ni el lector de su aviso entienden que este último esté facultado para cerrar el trato sin una mayor expresión por parte del primero. Dichos anuncios se entienden como meras solicitudes para considerar, examinar y negociar; y nadie puede razonablemente considerarlos de otra manera, a menos que las circunstancias sean excepcionales y las palabras utilizadas sean muy claras y precisas».

En Craft v. Elder & Johnston Co., 38 N.E.2d 416 (Ohio App.1941), el acusado anunció en un periódico local que una máquina de coser estaba en venta a un precio determinado. El demandante visitó la tienda e intentó comprar la máquina de coser a ese precio, pero el acusado se negó. Al sostener que el anuncio en el periódico no constituía una oferta vinculante, el tribunal sostuvo que un anuncio ordinario en un periódico era meramente una oferta para negociar. En Ehrlich v. Willis Music Co., 93 Ohio App. 246, 113 N.E.2d 252 (1952), el acusado anunció en un periódico que un televisor estaba en venta a un precio erróneo. El precio real era diez veces el precio anunciado. El tribunal determinó que no se había hecho una oferta, sino más bien una invitación a visitar la tienda del acusado. El tribunal también sostuvo que el acusado debía haber sabido que el precio era un error. En Lovett v. Frederick Loeser & Co., 124 Misc. 81, 207 N.Y.S. 753 (1924), un anuncio en el periódico ofreciendo radios en venta con reducciones del 25% al 50% se consideró una invitación a hacer una oferta. De acuerdo, People v. Gimbel Bros., 202 Misc. 229, 115 N.Y.S.2d 857 (1952).

Concluimos que, en ausencia de circunstancias especiales, un anuncio en un periódico que contiene un precio de compra erróneo sin culpa del anunciante y que no contiene otros términos, no es una oferta que pueda ser aceptada para formar un contrato. Consideramos que dicho anuncio solo constituye una invitación a hacer una oferta. Nos parece evidente en el caso actual, que no hubo un acuerdo de voluntades ni el consentimiento mutuo requerido por las dos partes para una proposición precisa. No hubo referencia a varios aspectos materiales relacionados con la compra de un automóvil, como el equipo a ser proporcionado o las garantías a ser ofrecidas por el acusado. De hecho, los términos eran tan incompletos e indefinidos que no podían considerarse como una oferta válida.

En Lefkowitz v. Great Minneapolis Surplus Store, 251 Minn. 188, 86 N.W.2d 689 (1957) el acusado anunció una estola de piel valorada en $139.50 por un precio de $1.00, pero se negó a vendérselo al demandante. Al confirmar el fallo a favor del demandante, el tribunal determinó que el anuncio constituía una oferta válida y, al ser aceptada por el demandante, se formó un contrato vinculante. Sin embargo, en ese caso, a diferencia del caso actual, no hubo error en el anuncio, sino que el acusado utilizó deliberadamente publicidad engañosa. En Lefkowitz, el tribunal sostuvo que si un anuncio era una oferta o una invitación a hacer una oferta dependía de la intención de las partes y las circunstancias circundantes.

En Johnson v. Capital City Ford Company, 85 So.2d 75 (La.App.1955), el acusado anunció que cualquiera que comprara un automóvil de 1954 podría cambiarlo por un modelo de 1955 sin costo adicional. El demandante compró un automóvil de 1954 e intentó posteriormente cambiarlo por un modelo de 1955, pero el acusado se negó. El tribunal sostuvo que el anuncio era una oferta, cuya aceptación creó un contrato. Sin embargo, en ese caso, el anuncio requería la realización de un acto por parte del demandante, y al comprar el automóvil de 1954, el demandante realizó ese acto. En el caso en cuestión, el anuncio no requería ninguna actuación por parte del demandante, y concluimos que no constituía una oferta.

Debido a nuestra opinión sobre estos procedimientos, no es necesario considerar el tema de si el anuncio en el periódico constituía un memorando escrito que satisfacía los requisitos del Estatuto de Fraudes.

El fallo del Tribunal de Circuito se confirma.

Fallo confirmado.

DEMPSEY, P.J., Y SCHWARTZ, J., concurren.

Ya has visto la estructura de un caso en el ejemplo de James L. O'Keefe v. Lee Calan Imports, Inc. ¿Pudiste identificar las diferentes secciones? Reconocer y comprender estas partes es esencial para dominar la lectura y análisis de textos legales. En la próxima sección, veremos cómo se elabora un «*case brief*» basado en este caso, lo que te ayudará a consolidar aún más tus habilidades y prepararte mejor para tus estudios de derecho.

Resumen de casos (*Case Brief*)

En la escuela de derecho en Estados Unidos, una parte fundamental del aprendizaje consiste en leer y analizar casos judiciales. Los estudiantes deben enfrentarse a decenas de casos cada semana en diversas asignaturas, lo que puede hacer difícil recordar todos los detalles. Una estrategia eficaz para manejar esta carga de lectura es elaborar «*case briefs*». Un *case brief* es un resumen conciso de un caso judicial que extrae y organiza la información más importante. Este documento permite a los estudiantes tener a mano los puntos clave de cada caso, facilitando la revisión y el estudio.

En la cultura legal estadounidense, la habilidad para resumir y parafrasear es altamente valorada. Es esencial ser capaz de expresar la misma información de una manera más corta y clara. Esto es especialmente importante en la sección de Hechos de un *case brief*, pero también se aplica a las secciones de Problema, Decisión y Análisis. Sin embargo, hay términos y frases con significados legales específicos que deben ser utilizados tal cual, sin sustituirlos por palabras propias. Encontrar el equilibrio correcto entre parafrasear y usar terminología precisa requiere práctica y experiencia.

Aunque no hay una forma única y correcta de escribir un *case brief*, ya que estos documentos están destinados principalmente para el uso personal del estudiante, existen algunos elementos comunes que suelen incluirse. La calidad de un *case brief* depende de su utilidad para preparar al estudiante para la clase y de lo que el profesor considere importante.

Los elementos de un *case brief* son los mismos que se encuentran en un caso judicial completo: Hechos, Historia Procesal, Problema, Regla o Norma Legal, Análisis o Discusión, Decisión y Disposición. Estos componentes permiten a los estudiantes sintetizar la información crucial del caso, facilitando su comprensión y estudio.

Escribir un *case brief* es una habilidad que mejora con la práctica. No hay una manera absolutamente correcta o incorrecta de hacerlo, ya que cada profesor puede tener diferentes expectativas sobre lo que es importante en un caso. La mejor manera de mejorar es intentarlo, comparar con los resúmenes de compañeros, y ajustar según el enfoque del profesor en clase. Además, muchos estudiantes añaden notas a sus *case briefs* durante la clase basándose en lo que el profesor discute o pregunta, lo que ayuda a refinar y profundizar su comprensión del caso.

¿Cómo se ve un *case brief*?

Anteriormente, leíste el caso de James O'Keefe v. Lee Calan Imports, Inc. v. Field Enterprises Inc. e hiciste un esfuerzo por identificar las diferentes secciones del caso. Ahora, te mostramos cómo se vería un *case brief* de este mismo caso. Observa cómo se resumen y organizan los hechos, el historial procesal, el problema, la regla, el análisis, la decisión y la disposición. Este ejemplo te ayudará a visualizar cómo desglosar un caso de manera clara y concisa, facilitando tu comprensión y estudio del material legal.

JAMES O'KEEFE v. LEE CALAN IMPORTS, INC. v. FIELD ENTERPRISES INC.

128 Ill. App. 2d 410 (Appellate Court of Illinois, First District, Third Division 1970)

Hechos.

- El 31 de julio de 1966, el demandado anunció la venta de una Volvo Station Wagon de 1964.
- El demandado indicó al periódico que el precio era de 1,795 dólares, pero el periódico cometió un error y publicó un precio de 1,095 dólares.
- O'Brien visitó al demandado, deseaba comprar el coche por 1,095 dólares, pero el demandado se negó a venderlo a ese precio.

Historial procesal.

- O'Brien demandó al demandado por un supuesto incumplimiento de contrato, luego O'Brien falleció y el administrador de la herencia lo sustituyó.
- Field Enterprises se unió como tercera parte, pero fue desestimado del caso.
- El tribunal denegó la moción de juicio sumario del demandante y concedió la moción de juicio sumario del demandado.
- El demandante alega que la aceptación constituye un contrato vinculante y que el anuncio es un memorando por escrito que satisface los requisitos del Estatuto de Fraudes.

Problema.

- Si un anuncio en el periódico es una oferta que puede ser aceptada para formar un contrato o simplemente una invitación a hacer una oferta.

Regla.

- Un anuncio es una invitación a hacer una oferta a menos que use palabras claras y específicas o requiera la realización de un acto.
- Oferta + Aceptación = Contrato.

Análisis.

- No hubo consenso ni asentimiento mutuo entre las dos partes.
- No hubo referencia a asuntos materiales relacionados con la compra que debían ser ofrecidos por el demandado.
- Los términos incompletos y vagos no podían considerarse una oferta.

Decisión

- El anuncio se considera únicamente una invitación a hacer una oferta. Sin circunstancias especiales, los anuncios en periódicos con errores y sin otros términos no constituyen una oferta para formar un contrato.

Disposición

- Confirmado.

En este capítulo, hemos cubierto áreas cruciales para tu éxito en el entorno educativo estadounidense. Desde la necesidad de dominar el EALS, hasta comprender los fundamentos del sistema legal y la metodología IRAC para la escritura legal, hemos abordado herramientas esenciales para tu desarrollo académico. Además, hemos explorado estrategias para una lectura crítica de casos, fundamental para comprender y analizar la jurisprudencia. Al prepararte para este desafiante entorno académico, estarás equipado para participar activamente en clase y realizar investigaciones jurídicas sólidas y bien fundamentadas.

Aprovechar los recursos disponibles, como bibliotecas, talleres y tutorías, también es esencial para sobresalir en tu programa de estudios. Estos recursos te brindarán apoyo adicional para fortalecer tus habilidades en el idioma, la escritura y el pensamiento crítico. Al invertir tiempo y esfuerzo en desarrollar estas habilidades, estarás mejor preparado para enfrentar los desafíos académicos y destacar tanto en tus estudios como en tu futura carrera legal.

5

ÉTICA PARA ESTUDIANTES DE DERECHO

En Estados Unidos, al igual que en la mayoría de los países, los abogados están sujetos a códigos de ética obligatorios que son fundamentales para el ejercicio de la profesión. Estos códigos de ética regulan la conducta profesional de los abogados y garantizan que actúen con integridad, competencia y respeto hacia el sistema judicial y sus clientes. La responsabilidad de aprobar y hacer cumplir estos códigos de ética recae en el poder judicial de cada estado, lo que significa que cada estado puede tener variaciones específicas en sus normas éticas.

Además de los códigos estatales, existen las **Reglas Modelo de Conducta Profesional de la American Bar Association (ABA).** Aunque no tienen fuerza de ley, las Reglas Modelo de la ABA sirven como una guía integral y son frecuentemente adoptadas o adaptadas por los estados al formular sus propios códigos de ética. Estas reglas establecen estándares sobre la competencia, la confidencialidad, los conflictos de interés, la comunicación con los clientes y otras áreas críticas del comportamiento profesional de los abogados.

En este capítulo, exploraremos los principios éticos más relevantes para los estudiantes de derecho y futuros abogados, y cómo estos principios se aplican tanto en la escuela de derecho como en la práctica profesional.

Entender estos códigos de ética desde el inicio de tu formación legal te preparará para actuar de manera responsable y profesional en tu carrera.

La ética en la profesión legal no solo es una obligación normativa, sino también un pilar esencial para mantener la confianza del público en el sistema judicial. Los abogados tienen la responsabilidad de servir a la justicia y de representar a sus clientes con honestidad y diligencia. Los códigos de ética garantizan que los abogados se comporten de manera justa y equitativa, evitando conductas que puedan dañar a sus clientes, a la administración de justicia o a la reputación de la profesión. Desde el primer día en la escuela de derecho, es importante que los estudiantes internalicen estos principios éticos y los apliquen en sus estudios y prácticas. La ética no solo se aprende en teoría, sino que también se practica en la vida cotidiana.

En este sentido, es importante mantener en consideración la **Regla 8.1 de las Reglas Modelo de Conducta Profesional de la ABA**. Titulada «Mantener la Integridad de la Profesión», establece las obligaciones éticas de los solicitantes de admisión al colegio de abogados y de los abogados en relación con las solicitudes de admisión al colegio o en asuntos disciplinarios.

Regla 8.1 De Las Reglas Modelo De Conducta Profesional De La ABA: Mantener La Integridad De La Profesión

Un solicitante de admisión al colegio de abogados, o un abogado en relación con una solicitud de admisión al colegio o en relación con un asunto disciplinario, no deberá hacer intencionadamente una declaración falsa de un hecho material ni dejar de divulgar un hecho necesario para corregir un malentendido conocido que haya surgido en el asunto, ni dejar de responder intencionadamente a una demanda legítima de información por parte de una autoridad de admisión o disciplinaria, salvo que esta regla no requiera la divulgación de información protegida por la Regla 1.6.

Comentario a la Regla 8.1

El deber impuesto por esta regla se extiende tanto a las personas que buscan la admisión al colegio de abogados como a los abogados. Por lo tanto, si una persona hace una declaración falsa importante en relación con una solicitud de admisión, esto puede ser la base para una acción disciplinaria posterior si la persona es admitida, y en cualquier caso, puede ser relevante en una solicitud de admisión posterior. El deber impuesto por esta regla se aplica tanto a la admisión o disciplina del propio abogado como a la de otros. Por lo tanto, es una ofensa profesional separada para un abogado hacer una tergiversación o una omisión intencionada en relación con una investigación disciplinaria sobre la conducta del propio abogado. El párrafo (b) de esta regla también requiere la corrección de cualquier declaración falsa previa en el asunto y la clarificación afirmativa de cualquier malentendido por parte de la autoridad de admisiones o disciplinaria del que la persona implicada se dé cuenta.

Implicaciones de la Regla 8.1

La Regla 8.1 subraya la importancia de la honestidad y la transparencia en el proceso de admisión al colegio de abogados y en los procedimientos disciplinarios. Esta regla impone obligaciones específicas a los solicitantes y abogados para asegurar que la información proporcionada a las autoridades de admisión o disciplinarias sea completa y veraz. Además de evitar declaraciones falsas, los solicitantes y abogados deben corregir cualquier malentendido conocido y responder a las demandas legítimas de información por parte de las autoridades. La falta de divulgación puede ser tan perjudicial como una declaración falsa. La regla establece que las declaraciones falsas o la falta de divulgación pueden ser la base para acciones disciplinarias futuras, incluso si la persona es admitida inicialmente. Esto subraya la importancia de la integridad en todas las etapas de la carrera legal.

En resumen, la Regla 8.1 de las Reglas Modelo de Conducta Profesional de la ABA destaca la obligación ética de los abogados y solicitantes de actuar con integridad y transparencia. Cumplir con esta regla es esencial para mantener la confianza en la profesión legal y para asegurar que los abogados sean dignos de la responsabilidad que conlleva la práctica del derecho.

Ejemplos De Violaciones Éticas

Antes de embarcarse en la práctica legal, es crucial para los estudiantes de derecho comprender y adherirse a los principios éticos que rigen nuestra profesión. En esta sección, exploraremos ejemplos concretos de violaciones éticas que pueden surgir en el entorno académico de la escuela de derecho. Estos ejemplos ilustran situaciones en las cuales los estudiantes pueden enfrentarse a decisiones difíciles que ponen a prueba su integridad y su compromiso con los estándares éticos establecidos. Al examinar estos casos, nos esforzamos por fomentar una reflexión profunda sobre la importancia de la honestidad, la transparencia y la responsabilidad en la formación de abogados éticamente responsables y competentes.

- **Tergiversación de hechos.** La tergiversación de información a profesores, a la administración o a empleadores potenciales constituye una violación ética significativa. Esto incluye cualquier declaración falsa sobre logros personales o información engañosa sobre terceros con el fin de obtener ventajas injustas en el ámbito académico o profesional.
- **Plagio.** El acto de plagiar, ya sea en trabajos escritos u otras asignaciones, es una infracción ética grave que socava los principios fundamentales del aprendizaje y la investigación. La falta de atribución adecuada a las fuentes originales constituye una violación de la integridad académica y profesional.
- **Uso indebido de materiales académicos.** Cualquier manipulación indebida o no autorizada de recursos académicos, como exámenes o materiales protegidos por derechos de autor, constituye una violación ética. Respetar las normativas establecidas es esencial para mantener la equidad y la integridad dentro del entorno educativo.
- **Subversión de políticas de asistencia.** Falsificar registros de asistencia, como firmar por un compañero ausente, constituye una violación de las políticas de asistencia de la escuela de derecho. La precisión en la documentación de la asistencia es crucial para evaluar el progreso académico y mantener la integridad en el ámbito educativo.
- **Subversión de políticas relacionadas con exámenes.** Cualquier acción destinada a violar las reglas establecidas para la administración y realización de exámenes académicos constituye una violación ética. Esto incluye el uso no autorizado de dispositivos electrónicos durante los exámenes o la comunicación no permitida entre estudiantes.
- **Omisión de divulgar una violación.** No informar sobre una violación ética o académica conocida constituye una infracción ética adicional. La transparencia y la responsabilidad son fundamentales para mantener la integridad en la comunidad educativa y profesional, promoviendo una cultura de honestidad y cumplimiento de normativas éticas.

Al explorar estos ejemplos de violaciones éticas en el entorno de la escuela de derecho, se destaca la importancia de adherirse a los principios éticos y normativas establecidas. Los estudiantes deben reflexionar sobre cómo estas situaciones pueden influir en su desarrollo profesional y comprometerse a actuar con integridad en todas sus interacciones académicas y futuras prácticas legales. Al respetar estos estándares, no solo fortalecen su propia reputación ética, sino que también contribuyen positivamente a la integridad y el prestigio del sistema legal en general.

Posibles Consecuencias En La Escuela De Derecho

El incumplimiento de los estándares éticos y académicos establecidos en la escuela de derecho puede acarrear diversas consecuencias, que van desde medidas disciplinarias hasta repercusiones a largo plazo en la carrera profesional. Las siguientes son algunas de las posibles consecuencias a discreción de la escuela de derecho:

- **Calificación reprobatoria en una asignación**: una evaluación negativa en una tarea o examen como resultado directo de una violación ética o académica.

- **Acción disciplinaria y procedimientos de queja:** inicio de acciones disciplinarias formales y procesos de queja según las políticas establecidas por la institución educativa.

- **Suspensión o expulsión:** la posibilidad de ser suspendido temporalmente o expulsado de la escuela de derecho como consecuencia de infracciones graves o reiteradas.

- **Referencia al decano, vicedecano académico o decano de estudiantes:** remisión del caso a autoridades administrativas superiores para revisión y acción disciplinaria adecuada.

- **Daño a la reputación:** pérdida de confianza y credibilidad dentro de la comunidad académica y profesional, afectando la reputación personal y profesional.

- **Notas en el expediente académico:** registro oficial de la infracción en el expediente académico del estudiante, lo que puede influir en futuras oportunidades académicas y profesionales.

- **Disciplina profesional en la práctica:** potencial impacto en la carrera profesional, incluida la posibilidad de enfrentar sanciones éticas o disciplinarias una vez en ejercicio activo de la profesión legal.

- **Necesidad futura de divulgación: requerimiento** de divulgar la infracción ética o académica en futuras solicitudes de empleo, admisión a colegios de abogados u otras entidades profesionales.

Estas consecuencias subrayan la importancia de mantener altos estándares de conducta ética y académica durante el período de formación en la escuela de derecho. Es fundamental para los estudiantes entender y respetar las normativas establecidas, no solo para cumplir con los requisitos educativos, sino también para cultivar una reputación de integridad y responsabilidad profesional que perdure a lo largo de sus carreras.

Character And Fitness Para La Admisión Al Bar

Cuando se trata de presentar una solicitud para ser admitido al bar, uno de los componentes cruciales que se evalúa es el carácter y la idoneidad del solicitante. Este proceso, conocido como ***«Character and Fitness»***, es esencial para asegurar que solo aquellos individuos que demuestren integridad y responsabilidad sean admitidos a la práctica del derecho. A continuación, se explica la importancia de mantener las reglas éticas y cómo las violaciones pueden complicar este proceso.

El proceso de evaluación de carácter y aptitud es una medida preventiva utilizada por los comités de admisión al bar para garantizar que los futuros abogados posean las cualidades morales y la conducta ética necesarias para ejercer la abogacía. Los abogados no solo deben poseer conocimientos jurídicos, sino también demostrar un comportamiento que refleje honestidad, confiabilidad y respeto por la ley. Este escrutinio es vital porque los abogados tienen una responsabilidad fiduciaria hacia sus clientes y juegan un papel crucial en la administración de justicia.

Mantener las reglas éticas durante el periodo de formación en la escuela de derecho y en la vida personal es fundamental para evitar complicaciones futuras al solicitar la admisión al bar. El comité de admisión al bar revisa la historia personal, académica y profesional del solicitante. Cualquier violación ética o académica, como la falsificación de información, el plagio o la mala conducta, puede ser una señal de alerta que ponga en duda la idoneidad del solicitante. La transparencia y la honestidad son cruciales, ya que cualquier intento de ocultar una violación ética puede resultar en la descalificación automática o en procedimientos disciplinarios futuros.

La reputación de un abogado comienza a formarse desde el momento en que ingresa a la escuela de derecho. Las acciones y decisiones tomadas durante este periodo pueden tener un impacto duradero en la percepción de colegas, profesores y futuros empleadores. Mantener una conducta ética y responsable ayuda a construir una reputación sólida y confiable, esencial para la práctica legal. Las violaciones éticas pueden tener repercusiones significativas a largo plazo, incluyendo la necesidad de divulgarlas en todas las aplicaciones profesionales futuras, la posibilidad de enfrentar sanciones disciplinarias y el daño irreparable a la reputación personal y profesional.

Mantener un comportamiento ético y adherirse a las normas establecidas no solo es crucial para cumplir con los requisitos de la escuela de derecho, sino que también es fundamental para asegurar una evaluación positiva durante el proceso de admisión al bar. Un historial de integridad y responsabilidad no solo facilita la admisión, sino que también sienta las bases para una carrera exitosa y respetada en la práctica del derecho.

Para concluir, debemos recalcar que la ética es un pilar fundamental en la formación y práctica de cualquier abogado. Es crucial recordar que las violaciones éticas durante la carrera de derecho pueden tener consecuencias graves, desde sanciones académicas hasta la posible descalificación en el proceso de admisión al bar. La regla 8.1 de las Reglas Modelo de Conducta Profesional de la ABA subraya la importancia de mantener la integridad, exigiendo honestidad y transparencia tanto en la admisión al bar como en cualquier asunto disciplinario.

Además, comprendimos la gravedad de las consecuencias que pueden derivarse de la falta de ética, incluyendo la pérdida de reputación y futuras complicaciones profesionales. Por último, abordamos la importancia del proceso de evaluación de carácter y aptitud, destacando cómo un historial de integridad y conducta ética es vital para ser admitido al ejercicio de la abogacía.

En resumen, la adherencia a los principios éticos no solo es esencial para el éxito académico y profesional, sino que también es fundamental para mantener la confianza del público en el sistema legal. Al incorporar estos principios en su vida diaria y profesional, los estudiantes de derecho no solo se preparan para una carrera exitosa, sino que también contribuyen a la preservación de la justicia y la integridad en la profesión legal.

6

UN DÍA NORMAL DE CLASES

Ya hemos visto todo lo previo, desde la preparación para vivir lejos de casa hasta los aspectos éticos cruciales que deben considerarse como estudiante de derecho. Ahora, nos toca ver cómo será tu día a día en la escuela de derecho. Entender la rutina diaria y saber qué esperar te ayudará a navegar con éxito los desafíos y oportunidades que te esperan.

La Importancia Del Sílabo

Tan pronto como comienza el semestre, las asignaturas inscritas colocarán el sílabo en la plataforma. El sílabo es un documento esencial que cada profesor proporciona al inicio del semestre. Este documento detallado incluye la descripción del curso, los objetivos de aprendizaje, el calendario de clases, las lecturas obligatorias, las fechas de exámenes y entregas de trabajos, así como las políticas del curso.

Revisar el sílabo es crucial porque te permite planificar y organizar tu tiempo de manera efectiva, asegurándote de que estés al tanto de todas las expectativas y requisitos del curso. Además, el sílabo te brinda una visión clara de la estructura del curso y te ayuda a anticipar la carga de trabajo semanal, permitiéndote distribuir tu tiempo de estudio y preparación de manera equilibrada.

El sílabo también sirve como un contrato entre el profesor y los estudiantes. Al leerlo detenidamente, puedes comprender mejor lo que se espera de ti en términos de participación, asistencia y calidad del trabajo. Esto incluye detalles sobre cómo se evaluarán tus tareas y exámenes, así como las políticas de la clase respecto a la asistencia y la puntualidad. Conocer estas políticas te ayuda a evitar malentendidos y a mantener una buena relación con tus profesores.

Asimismo, el sílabo puede incluir información sobre recursos adicionales que el profesor puede ofrecer, como horas de oficina, sesiones de revisión y materiales de estudio suplementarios. Aprovechar estos recursos puede ser clave para tu éxito en la clase. También es una buena idea revisar el sílabo periódicamente a lo largo del semestre para asegurarte de que estás cumpliendo con todos los requisitos y fechas importantes.

Además del sílabo, es fundamental familiarizarse con las políticas generales de la universidad en cuanto a reposición de exámenes, ausencias y otros procedimientos administrativos. Estas políticas, que suelen estar detalladas en el manual del estudiante o en la página web de la universidad, complementan y amplían la información contenida en el sílabo de cada curso. Conocer estas regulaciones te permite comprender mejor tus derechos y responsabilidades como estudiante, así como las consecuencias de no cumplir con las normas establecidas.

Por ejemplo, las políticas universitarias sobre la reposición de exámenes pueden variar significativamente de las políticas específicas de un curso. Saber con antelación los procedimientos y requisitos para solicitar una reposición en caso de enfermedad o emergencia te permitirá actuar rápidamente y de manera adecuada si surge una situación imprevista. Asimismo, estar al tanto de las normas sobre ausencias justificadas e injustificadas te ayuda a evitar problemas que puedan afectar tu rendimiento académico y tus calificaciones.

Las políticas generales de la universidad también pueden incluir información sobre conductas académicas y disciplinarias, el uso de instalaciones y recursos universitarios, y el proceso para presentar quejas o apelaciones. Estar bien informado sobre estos aspectos te permite navegar el entorno académico con mayor confianza y seguridad, y te prepara para abordar cualquier situación que pueda surgir durante tu tiempo en la escuela de derecho.

En resumen, conocer tanto el sílabo de cada curso como las políticas generales de la universidad te proporciona una comprensión integral de las expectativas académicas y administrativas. Esta dualidad de información es esencial para mantener una trayectoria académica exitosa y evitar malentendidos o problemas que puedan afectar tu experiencia universitaria.

Llevar Las Lecturas Al Día

Es crucial mantener al día las lecturas asignadas semanalmente en el sílabo. Estas lecturas, que generalmente consisten en casos judiciales, forman la base de las discusiones en clase y del aprendizaje en la escuela de derecho. Leer y entender cada caso es fundamental para tu éxito académico y profesional. Para lograr esto, es recomendable realizar *case briefs* de cada caso que leas. Como vimos, un *case brief* es un resumen conciso que destaca los hechos relevantes, la cuestión jurídica, la regla aplicable, el análisis y la conclusión del caso. Este ejercicio no solo te ayudará a digerir mejor el material, sino que también te preparará para las preguntas y discusiones en clase.

Entender los casos implica más que solo leerlos; debes analizar y reflexionar sobre ellos. Busca otros casos relacionados que puedan ayudarte a comprender mejor el contexto y las implicaciones de las decisiones judiciales. Este enfoque te permitirá ver cómo se aplica la ley en diferentes circunstancias y te ayudará a desarrollar un pensamiento crítico y analítico. Además, formular preguntas hipotéticas sobre los casos te prepara para las posibles preguntas que el profesor podría hacer en clase. Este tipo de preguntas suelen explorar variaciones de los hechos y cómo estos pueden afectar la aplicación de la ley. Practicar con estas preguntas te hará sentir más seguro y preparado para participar activamente en las discusiones en clase.

Adicionalmente, es útil discutir los casos y las lecturas con tus compañeros de clase. Formar grupos de estudio puede ser una excelente manera de intercambiar ideas, aclarar dudas y profundizar en los temas. La diversidad de perspectivas te enriquecerá y te permitirá entender mejor los matices de cada caso.

Mantener las lecturas al día y profundizar en el análisis de los casos te proporcionará una sólida base de conocimiento y habilidades que serán esenciales para tu desempeño académico y tu futura carrera como abogado. Esta disciplina te ayudará a estar siempre preparado y a aprovechar al máximo cada clase y cada discusión.

Método Socrático Y *Cold Calls*

El aprendizaje en la escuela de derecho se fundamenta en el método socrático, una técnica pedagógica que se remonta a la antigua Grecia y que se utiliza para fomentar el pensamiento crítico y la comprensión profunda de los conceptos legales. Este método se caracteriza por un enfoque de preguntas y respuestas en el que el profesor desafía a los estudiantes a pensar de manera analítica y a articular sus pensamientos de forma clara y lógica. El objetivo principal es ayudar a los estudiantes a desarrollar habilidades esenciales para la práctica del derecho, como la capacidad de análisis, el razonamiento lógico y la articulación efectiva de argumentos. Esta técnica no solo mejora la comprensión de los temas legales, sino que también promueve la independencia intelectual y la confianza en la capacidad de razonar y argumentar.

En una clase basada en el método socrático, el profesor no imparte directamente la información, sino que guía a los estudiantes a través de una serie de preguntas estratégicas. Estas preguntas están diseñadas para ayudar a los estudiantes a descubrir por sí mismos las respuestas y a entender mejor los principios subyacentes de la materia que se está estudiando. Este enfoque requiere que los estudiantes lleguen a clase bien preparados, habiendo leído y analizado el material asignado. El aprendizaje es, en gran medida, responsabilidad del estudiante, quien debe estar dispuesto a participar activamente en la discusión y a enfrentar el desafío intelectual que este método implica. Los estudiantes deben ser proactivos en su preparación, analizando los casos de manera detallada y anticipando posibles preguntas que el profesor podría plantear.

La preparación para una clase socrática implica no solo leer los casos asignados, sino también analizarlos profundamente. Los estudiantes deben ser capaces de identificar los hechos relevantes, las cuestiones jurídicas, las reglas aplicables y el razonamiento del tribunal. Además, deben estar preparados para discutir cómo esos principios pueden aplicarse a diferentes hechos o cómo podrían cambiar si las circunstancias fueran distintas. Este nivel de preparación asegura que los estudiantes puedan participar de manera significativa en la discusión y beneficiarse plenamente del método socrático. La capacidad de analizar un caso desde múltiples perspectivas y de prever posibles variaciones en los hechos es crucial para el éxito en este tipo de clases.

Una de las herramientas clave del método socrático son los ***«cold calls»***. Los *cold calls* son una técnica en la que el profesor llama al azar a estudiantes durante la clase para que respondan preguntas sobre los casos estudiados. Estas preguntas pueden abarcar desde los hechos del caso y las reglas legales aplicables, hasta el análisis y las implicaciones de la decisión judicial. La idea detrás de los *cold calls* es asegurar que todos los estudiantes se mantengan comprometidos y preparados, ya que cualquiera podría ser llamado a participar en cualquier momento. Esta técnica fomenta una cultura de preparación constante y atención en clase, dado que no saber cuándo se te pedirá que hables te obliga a estar siempre listo. Además, la presión de los *cold calls* puede simular la presión de situaciones de la vida real en la práctica del derecho, preparando mejor a los estudiantes para su futura carrera.

Por ejemplo, el profesor podría preguntar: «¿cuáles son los hechos relevantes de este caso?», «¿cuál es la regla de derecho que se aplica aquí?» o «¿cómo justificarías la decisión del tribunal?». Estas preguntas no solo obligan a los estudiantes a conocer el material, sino que también les ayudan a desarrollar habilidades para pensar y responder rápidamente bajo presión, una competencia esencial para cualquier abogado. La práctica regular de responder a estas preguntas en clase prepara a los estudiantes para situaciones similares en su futura carrera, donde deberán pensar y reaccionar de manera rápida y precisa. Además, al enfrentar y superar el desafío de los *cold calls*, los estudiantes desarrollan la confianza necesaria para argumentar y defender sus posiciones de manera efectiva.

Además de los *cold calls*, el método socrático incluye el uso de **«preguntas socráticas».** Estas son preguntas diseñadas para profundizar en el análisis del estudiante y llevar la discusión a un nivel más profundo. Por ejemplo, el profesor podría preguntar: «¿qué habría sucedido si los hechos del caso hubieran sido diferentes?», «¿cómo afectaría esta regla a un caso con circunstancias distintas?» o «¿cuáles son las posibles críticas a esta decisión judicial?». Estas preguntas están diseñadas para explorar los límites y las implicaciones de las reglas legales, así como para fomentar un pensamiento crítico y analítico. Este tipo de preguntas requiere que los estudiantes no solo comprendan el caso en cuestión, sino que también sean capaces de aplicarlo a situaciones nuevas y de pensar de manera creativa sobre cómo las reglas legales pueden evolucionar o ser interpretadas de diferentes maneras.

El método socrático también fomenta la discusión y el debate entre los estudiantes. Durante una clase, es común que el profesor permita a los estudiantes responder o refutar las respuestas de sus compañeros, creando un ambiente dinámico y colaborativo. Esta interacción no solo enriquece la comprensión de los estudiantes, sino que también les ayuda a desarrollar habilidades importantes para la práctica del derecho, como la capacidad de escuchar y responder de manera efectiva a los argumentos de los demás. El debate en clase permite a los estudiantes ver múltiples perspectivas sobre un mismo problema, mejorando su capacidad para construir y deconstruir argumentos de manera efectiva.

Además, el método socrático prepara a los estudiantes para las demandas de la práctica legal real, donde los abogados deben estar preparados para pensar rápidamente, articular sus argumentos de manera persuasiva y responder a las preguntas y desafíos inesperados de jueces, oponentes y clientes. La capacidad de adaptarse y responder eficazmente en estas situaciones es crucial para el éxito en la práctica del derecho.

En resumen, el método socrático y los cold calls son fundamentales en la educación jurídica. Llegar siempre preparado a clase no solo es crucial para tener éxito en la escuela de derecho, sino que también prepara a los estudiantes para el riguroso y exigente mundo de la práctica legal. La capacidad de pensar rápidamente, articular argumentos claros y responder a preguntas difíciles son competencias que se desarrollan y perfeccionan a través de este método, preparando a los futuros abogados para los desafíos que enfrentarán en su carrera profesional. La dedicación y el esfuerzo invertidos en prepararse para las clases socráticas se traducen en una sólida formación jurídica que equipa a los estudiantes con las herramientas necesarias para sobresalir en su profesión.

Tomando Notas Durante Clases

Tomar notas de manera efectiva durante la clase es una habilidad crucial para el éxito en la escuela de derecho. La complejidad del material y el ritmo rápido de las discusiones en clase hacen que sea esencial capturar la mayor cantidad de información posible. A continuación, se detallan algunas estrategias y consideraciones para tomar notas de manera eficiente y organizada.

Es importante tomar la mayor cantidad de notas posible durante las clases. Las discusiones socráticas y las explicaciones detalladas de los profesores suelen contener información valiosa que no se encuentra en los textos asignados. Tomar notas extensas te permite revisar y comprender mejor el material más adelante, especialmente cuando te prepares para los exámenes.

Algunos profesores pueden tener políticas específicas respecto al uso de dispositivos electrónicos en clase. Algunos prefieren que los estudiantes tomen notas a mano para evitar distracciones y fomentar una mejor retención de la información. Estudios han demostrado que tomar notas a mano puede mejorar la comprensión y la memoria, ya que requiere un procesamiento más profundo de la información. Si tus profesores requieren que las notas sean tomadas a mano, asegúrate de tener todos los materiales necesarios, como cuadernos y bolígrafos, y de estar preparado para este método de toma de notas.

Uso de abreviaturas

El uso de abreviaturas puede acelerar el proceso de toma de notas y ayudarte a capturar más información en menos tiempo. Las siguientes son algunas abreviaturas comunes en la escuela de derecho que te serán útiles[15]:

---

15 Abreviaturas proporcionadas por Berkeley Law, disponibles en https://www.law.berkeley.edu/files/abbreviations.doc

- Π o P: Plaintiff (demandante).
- Δ o D: Defendant (demandado).
- §: Section (sección).
- K: Contract or contracts (contrato o contratos).
- Jdx: Jurisdiction (jurisdicción).
- Rev'd: Reversed (revocado).
- Aff'd: Affirmed (afirmado).
- TC: Trial court (tribunal de primera instancia).
- AC: Appellate court (tribunal de apelaciones).
- DC: District court (tribunal de distrito).
- SC o S.Ct.: Supreme court (tribunal supremo).
- TRO: Temporary restraining order (orden de restricción temporal).
- MTD: Motion to dismiss (moción para desestimar).
- Ev.: Evidence (evidencia).
- b/c: Because (porque).
- a/st: Against (en contra).
- E'er: Employer (empleador).
- E'ee: Employee (empleado).
- w/: With (con).
- w/o: Without (sin).
- re:: About (acerca de).
- Inxn: Injunction (mandato judicial).
- Summ. Jdg. o S.J.: Summary judgment (juicio sumario).
- FRCP: Federal Rules of Civil Procedure (reglas federales de procedimiento civil).
- R, R2: Restatement of Law, Restatement Second (reformulación de la ley, segunda reformulación).

Utilizar estas abreviaturas te permitirá tomar notas más rápidas y mantenerte al día con el ritmo de la clase.

Método Cornell

El método Cornell es una técnica estructurada para tomar notas que puede ser particularmente útil en la escuela de derecho. Este método divide la página en tres secciones: la columna de notas, la columna de palabras clave y el resumen. Aquí te explicamos cómo utilizarlo:

1. Columna de notas: utiliza la sección más amplia de la página para escribir tus notas durante la clase. Aquí es donde capturarás la información principal, las discusiones de casos, los argumentos y las preguntas socráticas.

2. Columna de palabras clave: a la izquierda de la columna de notas, reserva una sección más estrecha para palabras clave y preguntas. Después de la clase, revisa tus notas y anota palabras clave, conceptos importantes y preguntas que puedan surgir. Esto te ayudará a identificar rápidamente los puntos importantes al revisar tus notas más tarde.

3. Resumen: en la parte inferior de la página, escribe un breve resumen de las notas. Este paso es beneficioso porque te obliga a repasar y reflexionar sobre el material, sellando el conocimiento adquirido. Revisar y resumir tus notas ayuda a consolidar la información en tu memoria a largo plazo y a identificar cualquier área que necesite aclaración o estudio adicional.

Otros métodos para tomar notas

Además del método Cornell, existen otros enfoques que pueden ser útiles dependiendo de tu estilo de aprendizaje y las demandas específicas de tus clases:

1. Método de mapeo mental: este método utiliza diagramas visuales para organizar la información jerárquicamente y mostrar las relaciones entre conceptos. Es particularmente útil para temas complejos y visuales, ayudándote a ver la estructura de la información de un vistazo.

2. Método de esquema: organiza las notas en niveles jerárquicos, con títulos y subtítulos que representan la información principal y los detalles. Este método es eficaz para estructurar tus notas de manera lógica y clara, facilitando la revisión y el estudio.

3. Método de Charting: divide la página en columnas y filas, creando una tabla para organizar la información. Este método es útil para comparar y contrastar diferentes conceptos, casos o argumentos.

Al explorar y adaptar diferentes métodos de toma de notas, puedes encontrar el que mejor se adapte a tus necesidades y maximizar tu comprensión y retención del material.

Nuevamente, tomar notas efectivas es una habilidad esencial en la escuela de derecho. Al combinar una preparación adecuada, el uso de abreviaturas y técnicas como el método Cornell o el mapeo mental, puedes mejorar significativamente tu capacidad para capturar y organizar información durante las clases. La práctica constante y el ajuste de tus métodos de toma de notas según las necesidades específicas de cada clase y profesor te ayudarán a maximizar tu aprendizaje y rendimiento académico.

Después De Clases

Una vez finalizadas las clases, comienza otra fase crucial de tu aprendizaje: la revisión y organización de tus notas. Este proceso es esencial para consolidar lo aprendido y preparar el terreno para el éxito en los exámenes finales. Revisar tus notas después de cada clase es fundamental. Dedica tiempo cada día para leer tus apuntes y asegurarte de que entiendes todos los conceptos. Si encuentras algo confuso o poco claro, es el momento perfecto para aclararlo. Puedes consultar tus libros de texto, buscar recursos adicionales en línea o preguntar a tus compañeros o profesores para obtener más información.

Pasar las ideas a términos más claros es un paso importante en la comprensión del material. Reescribe o reorganiza tus notas si es necesario, utilizando tus propias palabras para explicar los conceptos. Esto no solo mejora tu comprensión, sino que también facilita la revisión futura. Además, organiza tus notas de manera lógica, agrupando temas relacionados y creando conexiones entre diferentes conceptos.

Conforme se van cerrando temas, es una buena práctica comenzar a crear un esquema (*outline*) del material. El ***outlining*** es un proceso de estructuración de tus notas y lecturas en un formato más condensado y organizado. Estos esquemas te servirán como guías de estudio y resúmenes efectivos para los exámenes finales. En el próximo capítulo, exploraremos en detalle cómo crear y utilizar estos esquemas.

Participar en grupos de estudio puede ser extremadamente beneficioso. Discutir el material con tus compañeros te permite ver diferentes perspectivas y aclarar dudas. Además, explicar conceptos a otros es una excelente manera de reforzar tu propio entendimiento. Asegúrate de que el grupo se mantenga enfocado y estructurado para aprovechar al máximo el tiempo de estudio.

No dudes en utilizar recursos adicionales para complementar tus estudios. Hay numerosos libros de preparación para el examen de derecho, videos educativos en línea y plataformas de aprendizaje que pueden ofrecerte explicaciones y ejemplos adicionales. Aprovechar estos recursos puede ayudarte a comprender mejor los temas más difíciles y prepararte de manera más completa para los exámenes.

El trabajo no termina cuando las clases finalizan. La revisión y organización de tus notas, junto con la creación de esquemas y la participación en grupos de estudio, son actividades esenciales para asegurar tu éxito en la escuela de derecho. A medida que te prepares para los exámenes finales, estas prácticas te ayudarán a consolidar tu conocimiento y a abordar el material de manera más efectiva. En el próximo capítulo, exploraremos en detalle cómo hacer outlines efectivos que te prepararán para los exámenes finales.

Aunque puede parecer abrumador todo lo que hay que hacer en la escuela de derecho, es crucial recordar cuidar tu salud mental. Utiliza los métodos de estudio y organización que hasta ahora te han funcionado en tu vida académica, y no dudes en buscar apoyo cuando lo necesites. Mantén un equilibrio entre tus responsabilidades académicas y tu bienestar personal para asegurar un éxito sostenible y una experiencia enriquecedora.

7

EXÁMENES EN LA ESCUELA DE DERECHO

Los exámenes en la escuela de derecho son una parte fundamental del proceso académico y desempeñan un papel crucial en la evaluación del rendimiento de los estudiantes. A diferencia de otros campos de estudio, los exámenes en derecho no solo miden el conocimiento de los estudiantes, sino también su capacidad para aplicar principios legales a situaciones complejas y su habilidad para pensar críticamente bajo presión.

Este capítulo está diseñado para guiarte a través de todo lo que necesitas saber para enfrentar con éxito los exámenes en la escuela de derecho, desde la preparación y las técnicas de estudio hasta las estrategias específicas para cada tipo de examen. Aprenderás cómo estructurar respuestas de ensayo, abordar preguntas de opción múltiple y analizar casos de manera efectiva. Además, te proporcionaremos consejos para gestionar tu tiempo y manejar el estrés durante la temporada de exámenes. Al dominar estas habilidades, no solo mejorarás tu rendimiento académico, sino que también te prepararás para los desafíos profesionales que enfrentarás como abogado.

Entender El Examen

Uno de los primeros pasos cruciales en la preparación para los exámenes en la escuela de derecho es comprender a fondo el formato del examen y sus requisitos específicos. Esto incluye varios aspectos clave que pueden influir en tu enfoque de estudio y en cómo te preparas para el día del examen.

Primero, es esencial determinar si el examen será *open book o closed book*. Un examen ***open book*** permite el uso de materiales de referencia como libros de texto, apuntes y estatutos durante el examen. Esto puede ser ventajoso para consultar detalles específicos de la ley o citar casos relevantes directamente. Por otro lado, en un examen ***closed book***, no se permite el uso de materiales adicionales durante la prueba, lo que requiere una preparación más rigurosa y una comprensión profunda del material que debes memorizar.

Además, es importante identificar si el examen consistirá en preguntas de opción múltiple o ensayos. En el caso de las preguntas de ***opción múltiple,*** generalmente comienzan con un *fact pattern* o escenario de hechos que sirve como base para el interrogatorio posterior. Este interrogatorio presenta diferentes opciones que los estudiantes deben analizar y seleccionar como respuesta. Por otro lado, los exámenes de **ensayo** requieren que los estudiantes desarrollen respuestas detalladas y argumentadas a una pregunta legal específica basada en un *fact pattern* proporcionado.

Independientemente del tipo de examen, el ***fact pattern*** juega un papel crucial. Este escenario de hechos presenta una situación legal compleja que los estudiantes deben analizar y aplicar correctamente a las reglas legales pertinentes. Entender los detalles y matices del *fact pattern* es fundamental para identificar los problemas legales relevantes y desarrollar argumentos precisos y persuasivos. Esta habilidad no solo mejora el rendimiento en los exámenes, sino que también refleja la práctica legal real, donde la claridad y la precisión al identificar los hechos relevantes son fundamentales para obtener resultados exitosos en casos y en la defensa legal.

En los exámenes legales, es crucial distinguir entre los elementos distractores o ***«red herrings»,*** que son hechos irrelevantes que pueden desviar la atención de los problemas legales centrales, y los hechos legalmente relevantes. Los *red herrings* pueden llevar a perder tiempo y complicar innecesariamente la respuesta, mientras que identificar y enfocarse en los hechos legalmente relevantes es fundamental para elaborar argumentos legales precisos y persuasivos. Esta habilidad no solo mejora el rendimiento en los exámenes, sino que también refleja la práctica legal real, donde la claridad y la precisión al identificar los hechos relevantes son fundamentales para obtener resultados exitosos.

Otras consideraciones incluyen el porcentaje que el examen representa en tu calificación final del curso y cualquier política específica del profesor con respecto a la estructura del examen. Algunos exámenes pueden incluir una combinación de preguntas de opción múltiple y ensayos, lo que requiere una preparación versátil y adaptada a múltiples formatos de pregunta.

Una vez que hayas entendido completamente el formato y los requisitos del examen, puedes implementar estrategias efectivas para tu preparación:

- **Practicar con exámenes anteriores.** Utilizar exámenes anteriores o simulacros te proporciona una valiosa oportunidad para familiarizarte con el formato específico del examen y las expectativas del profesor. La biblioteca de la escuela de derecho a menudo ofrece acceso a un archivo de exámenes pasados, organizados por curso y profesor, lo que te permite practicar bajo condiciones similares a las del día del examen. Esto te ayuda a identificar áreas de fortaleza y áreas que necesitan más atención, además de ajustar tu estrategia de estudio en consecuencia.

- **Desarrollar esquemas y resúmenes.** Crear esquemas detallados y resúmenes de los temas clave es una técnica efectiva para organizar y consolidar la información. Al sintetizar conceptos complejos en un formato claro y conciso, puedes visualizar la estructura del curso y asegurarte de que comprendes profundamente cada tema. Estos recursos son especialmente útiles para revisar rápidamente antes del examen y refrescar tu memoria sobre puntos específicos.

- **Participar en grupos de estudio.** Unirse a grupos de estudio te brinda la oportunidad de discutir problemas legales y teorías con tus compañeros. A través de estas discusiones, no solo puedes reforzar tu comprensión de los temas, sino también ver diferentes perspectivas y enfoques para abordar problemas jurídicos. Explicar conceptos a otros y escuchar diferentes interpretaciones puede ayudarte a consolidar tu propio entendimiento y resolver dudas que puedas tener.

- **Gestión efectiva del tiempo.** Practicar la gestión del tiempo durante tus estudios y en los exámenes es fundamental para maximizar tu rendimiento. Organiza tu tiempo de estudio de manera efectiva, asignando períodos específicos para revisar cada tema y practicar ejercicios de examen. Durante el examen real, mantén un ojo en el reloj para asegurarte de completar todas las secciones dentro del tiempo asignado, priorizando las preguntas que puedan tener mayor peso en la calificación final.

- **Cuidar la salud mental y física.** Mantener un equilibrio saludable entre el estudio y el descanso es crucial para un rendimiento óptimo durante el período de exámenes. Asegúrate de tomar descansos regulares y suficientes horas de sueño para mantener tu energía y concentración. Practica técnicas de manejo del estrés, como la meditación o el ejercicio, para mantener una mentalidad positiva y reducir la ansiedad antes y durante los exámenes. Cuidar tu bienestar físico y emocional te ayudará a mantener un nivel alto de rendimiento académico a largo plazo.

Entender completamente el examen y adaptar tu preparación en consecuencia te proporcionará la confianza y las habilidades necesarias para enfrentar con éxito los desafíos académicos en la escuela de derecho.

Consejos Para Cada Tipo De Examen

Exámenes de opción múltiple

1. **Leer el interrogatorio:** comienza por leer cuidadosamente el interrogatorio o las preguntas iniciales del examen. Esto te dará una idea clara de los temas y conceptos legales que se evaluarán.
2. **Analizar el *fact pattern*:** después de entender el interrogatorio, procede a analizar el *fact pattern* o el escenario de hechos proporcionado. Identifica los detalles clave y las situaciones legales que serán relevantes para responder las preguntas.
3. **Revisar las opciones de respuesta:** una vez que tengas claro el interrogatorio y el *fact pattern*, revisa las opciones de respuesta disponibles. Evalúa cada una en relación con los hechos presentados y las reglas legales aplicables. Elimina las opciones incorrectas para mejorar tus posibilidades de seleccionar la respuesta correcta.

El siguiente es un ejemplo real[16] de cómo se puede ver una pregunta de un examen de opción múltiple con un *fact pattern*.

Una mujer del Estado A presentó una acción contra un minorista en un tribunal estatal en el Estado B. La demanda alegaba que el minorista no había entregado mercancías por valor de $100,000 por las cuales la mujer había pagado.

Veinte días después de ser notificado, el minorista, que está incorporado en el Estado C y tiene su principal lugar de negocios en el Estado B, presentó un aviso de remoción en un tribunal de distrito federal en el Estado B.

¿Fue removida adecuadamente la acción?

A. No, porque el aviso de remoción no se presentó a tiempo.
B. No, porque el minorista es ciudadano del Estado B.

C. Sí, porque las partes son ciudadanos de diferentes estados y hay en controversia más de $75,000.

D. Sí, porque el minorista es ciudadano tanto del Estado B como del Estado C.

Exámenes de ensayo

1. Entender la pregunta: comienza por comprender completamente la pregunta del ensayo o el interrogatorio proporcionado. Identifica los problemas legales específicos que se deben abordar en tu respuesta.

2. Analizar el *fact pattern*: después de entender la pregunta, analiza detalladamente el *fact pattern* o el escenario de hechos. Destaca los elementos clave y las relaciones legales que deben ser discutidas en tu respuesta.

3. Aplicar el método IRAC: organiza tu respuesta utilizando el método IRAC (*Issue, Rule, Application, Conclusion*).

4. Utilizar casos y doctrinas relevantes: fundamenta tus argumentos utilizando casos legales y doctrinas pertinentes. Esto demostrará tu comprensión profunda del material y fortalecerá tu respuesta.

5. Revisar y refinar: revisa tu respuesta al finalizar para asegurarte de que has cubierto todos los aspectos de la pregunta. Ajusta cualquier detalle necesario para mejorar la claridad y coherencia de tu argumentación.

Adoptar estos pasos te ayudará a prepararte de manera efectiva para ambos tipos de exámenes, optimizando tu capacidad para demostrar tu conocimiento y habilidades durante el periodo de evaluación.

El siguiente es un ejemplo de un ensayo normal para un examen de la escuela de derecho:

En la ciudad de Albany, Nueva York, tres amigos, Emily, David y Lisa, deciden establecer una sociedad general llamada Albany Artisan Crafts, dedicada a la venta de artesanías locales y la organización de talleres creativos. Según su acuerdo de sociedad, todas las compras superiores a $500 deben ser autorizadas previamente por al menos dos socios.

Sin embargo, Lisa, sin obtener la aprobación requerida, firma dos contratos en nombre de Albany Artisan Crafts: compra $100 en acuarelas de una tienda local,$1500 en telas para pintar y adquiere un anillo por $3000. En cada contrato, se identifica como «Albany Artisan Crafts, por Lisa Thompson, Socia».

Dos meses después, el proveedor de materiales presenta una factura de $4600 a Albany Artisan Crafts por los materiales pendientes. Emily, uno de los socios, se niega a pagar la factura, argumentando que Lisa no tenía la autorización para realizar estas compras.

1. ¿Tiene Albany Artisan Crafts responsabilidad en los contratos por la compra de (a) las acuarelas; (b) las telas y (c) el anillo?

2. ¿Qué sucede si, antes de que Lisa realizara estas compras, David envía al proveedor de materiales una copia del acuerdo de sociedad por correo certificado, con acuse de recibo, firmada por él mismo? ¿Cuál sería el resultado?

Este ejemplo de ensayo proporciona una plataforma robusta para el análisis legal debido a su complejidad y las diversas situaciones planteadas. Al explorar las decisiones de los socios de Albany Artisan Crafts y las implicaciones legales de sus acciones sin la autorización adecuada, este caso ofrece múltiples perspectivas y áreas de discusión. Este escenario no solo desafía la comprensión de los estudiantes sobre las reglas legales, sino que también fomenta el desarrollo de habilidades críticas para la argumentación y la aplicación del derecho en contextos empresariales complejos.

Preparación A Través De *Outlining*

Preparar un ***outline*** efectivo es fundamental para organizar tus estudios de manera sistemática y comprensible antes de los exámenes. Este método te permite visualizar la estructura del curso, identificar los conceptos clave y priorizar la información más relevante. Aquí te guiaré a través de un proceso detallado para crear un *outline* sólido y te proporcionaré consejos prácticos para optimizar su uso.

El *outline* actúa como una hoja de ruta detallada que facilita la comprensión y la memorización de la materia. Al dividir el contenido en secciones claras y lógicas, ayuda a establecer conexiones entre los diferentes conceptos y temas del curso. Esto no solo te ayuda a estudiar de manera más eficiente, sino que también te prepara para responder de manera efectiva a preguntas de examen que puedan abordar temas diversos y complejos.

Crear un *outline* efectivo requiere atención al detalle y claridad en la organización. Aquí tienes algunos consejos prácticos para maximizar la utilidad de tu *outline*:

- **Simplifica y clarifica:** utiliza un lenguaje claro y conciso en tu *outline*. Evita la redundancia y asegúrate de que cada punto sea fácilmente comprensible. Utiliza términos legales y técnicos de manera precisa y adecuada para reflejar con precisión los conceptos legales y jurídicos.
- **Organización visual:** utiliza técnicas visuales como viñetas, numeración o jerarquías para estructurar tu *outline* de manera clara y organizada. Esto facilitará la revisión y te permitirá identificar rápidamente la información clave durante tus estudios y exámenes.
- **Incluye ejemplos y casos:** integra ejemplos prácticos y casos relevantes

dentro de tu outline. Estos ejemplos ayudarán a ilustrar los conceptos teóricos y a aplicarlos a situaciones prácticas, fortaleciendo así tu comprensión y memoria de la materia.

- **Actualización continua:** revisa y actualiza regularmente tu *outline* a medida que avances en tus estudios y adquieras nuevos conocimientos. Asegúrate de que refleje con precisión tu comprensión actual y las áreas que requieren más atención o estudio adicional.

- **Practica:** utiliza tu *outline* como una herramienta activa durante tu estudio. Utilízalo para hacer resúmenes, realizar repasos y resolver problemas prácticos. Esto te ayudará a consolidar la información y a prepararte de manera efectiva para los exámenes.

Pasos para crear un *outline*

1. **Identifica la idea principal.** Comienza definiendo claramente el tema principal o la materia que deseas cubrir en tu *outline*. Este punto de partida te ayudará a establecer el marco general de tu estudio y a delinear los objetivos específicos que deseas alcanzar.

2. **Desglose de subtemas.** Divide la idea principal en subtemas más específicos y relevantes. Cada subtema debe capturar un aspecto importante del curso y servir como un punto focal para tu estudio. Este desglose te permitirá abordar cada tema de manera más detallada y precisa.

3. **Detalles y subdivisiones.** Para cada subtema, añade detalles y subdivisiones adicionales. Incluye conceptos clave, teorías relevantes, casos destacados y ejemplos específicos que ayuden a consolidar tu comprensión. Esta estructura jerárquica te permitirá entender la relación entre los diferentes elementos del curso y fortalecerá tu capacidad para analizar y sintetizar información legal.

4. **Organización escalonada.** Organiza tu *outline* de manera escalonada, desde las ideas más generales hasta las más específicas. Esto te permitirá visualizar la jerarquía de la información y entender cómo se interrelacionan los conceptos dentro del curso. La organización escalonada también te facilitará la revisión y el repaso, ya que podrás identificar rápidamente los temas principales y los detalles clave.

El uso efectivo del *outline* no solo mejora tu preparación para los exámenes, sino que también fortalece tu comprensión general del derecho al organizar y estructurar la información de manera coherente y accesible. Al proporcionarte una guía clara y detallada, el *outline* te ayuda a gestionar de manera eficiente la vasta cantidad de información legal que necesitas dominar para tener éxito académico y profesional.

Ejemplo de *outline*

Este ejemplo de *outline* se centra en la Jurisdicción Personal, mostrando cómo estructurar eficazmente la información para una comprensión clara y detallada. El esquema sigue una jerarquía organizada, comenzando con ideas generales y desglosándose en puntos más específicos. Utiliza viñetas y números para delinear claramente los diferentes niveles de información, lo que facilita la identificación de los temas principales y los subtemas. Este método de estructuración es ideal para estudiantes de derecho, ya que ayuda a visualizar la relación entre conceptos amplios y detalles específicos, asegurando que todos los aspectos importantes del tema se aborden de manera lógica y coherente.

A. Jurisdicción Personal.

I. Idea básica.

a. Se refiere al poder del tribunal sobre las partes. El tribunal siempre tiene jurisdicción personal sobre el demandante; la pregunta es sobre el demandado. La jurisdicción personal pertenece a las partes y tienen el poder de renunciar a ella.

b. **Jurisdicción Personal General:** El foro es donde el demandado está domiciliado o se le notifica el proceso, y puede ser demandado por una reclamación que surgió en cualquier lugar.

   i. El domicilio de una **persona natural** es donde vive físicamente y tiene la intención de permanecer.

   ii. El domicilio de una **corporación** es donde está constituida y su Principal Lugar de Negocios (PPB).

   iii. Una sociedad tiene domicilio en el domicilio de cualquiera de sus socios.

c. **Jurisdicción Personal Específica:** La reclamación surge de los contactos del demandado con el foro.

II. Análisis en dos pasos:

a. Cumplir con un **Estatuto de Jurisdicción Extendida** del Estado: Generalmente alcanza la extensión completa de la constitución.

b. Cumplir con la **Cláusula del Debido Proceso de la Constitución**: Requiere que el demandado tenga tales contactos mínimos con el foro para que la jurisdicción no ofenda las nociones tradicionales de juego limpio y justicia sustancial (International Shoe).

i. **Contacto:** Debe haber un contacto relevante entre el demandado y el estado del foro:
    1. **Disponibilidad Intencional:** El contacto debe resultar de un acto voluntario del demandado. Incluso causar un efecto en el foro satisface la prueba.
    2. **Previsibilidad:** Debe ser previsible que el demandado pueda ser demandado en el foro según el estándar de una persona razonable.

ii. **Relación:** La reclamación del demandante debe surgir del contacto del demandado con el foro.

iii. **Justicia:** Si la jurisdicción sería justa bajo las circunstancias.
    1. Si coloca al demandado en una desventaja severa en el litigio. La dificultad económica no es suficiente.
    2. Interés del estado.
    3. Interés del demandante.

Día Del Examen

El día del examen es crucial y puede ser una experiencia estresante, pero con una buena preparación y algunos consejos prácticos, puedes manejarlo de manera efectiva. Aquí hay algunos puntos clave para tener en cuenta.

Primero, trata de llegar temprano al lugar del examen. Es aconsejable planear tu ruta con antelación y prever el tráfico o cualquier imprevisto que pudiera retrasarte. Llegar temprano no solo te da tiempo suficiente para encontrar el salón correcto, sino que también te permite aclimatarte al entorno, encontrar un asiento cómodo y asegurarte de tener todo lo necesario para el examen. Esta anticipación ayuda a reducir la ansiedad y te permite comenzar el examen con una mentalidad tranquila y enfocada.

El examen suele ser totalmente anónimo. En lugar de tu nombre, te asignarán un número de identificación anónimo que deberás colocar en tu examen. Este sistema garantiza la imparcialidad en la calificación, ya que los evaluadores no sabrán a quién pertenece cada examen. Asegúrate de entender cómo se usa este número y de colocarlo correctamente en tu examen para evitar cualquier problema administrativo que pueda afectar tu calificación. Familiarízate con este procedimiento antes del día del examen para asegurarte de que no haya sorpresas.

El examen será administrado por un proctor, una persona que no tiene relación directa con tu escuela de derecho. Este proctor es responsable de leer las instrucciones del examen y de llevar el control del tiempo. Escucha atentamente las instrucciones que proporciona el proctor y asegúrate de entenderlas completamente antes de comenzar. Si tienes alguna duda, este es el momento adecuado para preguntar. Además, el proctor es el encargado de asegurar que el ambiente sea adecuado y libre de distracciones, lo cual es esencial para tu concentración.

Mantén la calma y concéntrate en administrar bien tu tiempo durante el examen. Usa los primeros minutos para revisar el examen completo y planificar cómo abordarás cada sección. Esto te ayudará a mantenerte organizado y asegurarte de que no dejes ninguna pregunta sin responder. Divide tu tiempo de manera equitativa entre las preguntas y asegúrate de dejar unos minutos al final para revisar tus respuestas. Este tiempo extra puede ser crucial para corregir errores o completar respuestas que inicialmente dejaste incompletas.

Lleva contigo todos los materiales permitidos que puedas necesitar, como bolígrafos adicionales, lápices, y cualquier otro artículo permitido según las instrucciones del examen. Algunos exámenes permiten el uso de ciertos recursos como códigos legales o libros de referencia. Asegúrate de conocer con antelación qué materiales están permitidos y prepáralos de manera ordenada para que puedas acceder a ellos fácilmente durante el examen.

Finalmente, recuerda que el día del examen es una oportunidad para demostrar todo lo que has aprendido. Mantén una actitud positiva y confía en tu preparación. La clave es no dejar que el estrés te domine. Técnicas de relajación como la respiración profunda o pequeñas pausas mentales pueden ayudarte a mantener la calma y la concentración. Con estos consejos en mente, estarás bien equipado para enfrentar el examen de manera efectiva y con confianza.

Es importante también cuidar tu salud física y mental en los días previos al examen. Asegúrate de dormir lo suficiente la noche anterior, comer bien y mantenerte hidratado. Evita el consumo excesivo de cafeína o cualquier otra sustancia que pueda alterar tu estado de ánimo o concentración. Un cuerpo y una mente bien cuidados son fundamentales para un rendimiento óptimo.

Después Del Examen: Evaluación Y Resultados

Después de completar tu examen, el proceso de evaluación y las situaciones post-examen son manejadas de manera meticulosa para asegurar la equidad y la integridad académica. Aquí hay algunos aspectos clave a tener en cuenta.

Todo lo relativo al examen es manejado por la oficina del **Registro**

Académico. Esta oficina es responsable de coordinar la logística del examen, desde su administración hasta su evaluación final. Para los exámenes de opción múltiple, la oficina del Registro Académico se encarga de calificar los exámenes utilizando las plantillas de respuestas proporcionadas por el profesor. Este método asegura una evaluación objetiva y precisa, eliminando cualquier posible sesgo en la calificación.

En el caso de los exámenes de ensayo, el proceso es un poco más complejo para mantener la imparcialidad. Después de que los exámenes son entregados, el Registro Académico recopila todos los archivos de ensayos y les asigna un número de identificación anónimo, eliminando cualquier información que pudiera identificar al estudiante. Estos archivos anónimos son luego enviados a los profesores responsables para su evaluación. Los profesores revisan y califican cada ensayo sin conocer la identidad del autor, lo que garantiza que las calificaciones se basen únicamente en el contenido y la calidad del trabajo presentado.

La anonimidad en el proceso de evaluación es crucial para asegurar que todos los estudiantes sean juzgados equitativamente. Al calificar ensayos sin saber a quién pertenecen, los profesores pueden enfocarse en la estructura, el análisis legal, la claridad y la precisión de cada respuesta, sin influencias externas. Este sistema promueve un entorno académico justo y ayuda a mantener la integridad del proceso de evaluación.

Una vez que los exámenes han sido calificados, las notas son registradas y gestionadas por la oficina del Registro Académico. Esta oficina se encarga de publicar las calificaciones de manera que cada estudiante pueda ver sus resultados de forma confidencial a través de un portal en línea o sistema de notificación designado por la escuela. Es importante estar atento a estos anuncios para revisar tus calificaciones y asegurarte de que todo esté en orden.

En caso de cualquier discrepancia o si tienes dudas sobre tu calificación, muchas escuelas de derecho tienen políticas que permiten a los estudiantes solicitar una revisión de su examen. Este proceso suele implicar reunirse con el profesor para discutir la calificación y obtener una retroalimentación detallada sobre tu desempeño. Aprovechar esta oportunidad puede ser extremadamente beneficioso para entender tus fortalezas y áreas de mejora, y para aclarar cualquier malentendido sobre las expectativas del examen.

También es crucial reflexionar sobre tu experiencia post-examen, independientemente de los resultados. Analizar lo que hiciste bien y lo que podrías mejorar para futuros exámenes es una parte fundamental del crecimiento académico. Si bien la retroalimentación directa del profesor es valiosa, también es útil hablar con compañeros y revisar tus propios apuntes y esquemas para identificar áreas donde podrías fortalecer tu comprensión y preparación.

En conclusión, la fase post-examen en la escuela de derecho es un proceso estructurado y meticuloso que garantiza la equidad y la precisión en la evaluación. Al comprender y participar activamente en este proceso, puedes maximizar tu aprendizaje y mejorar continuamente en tus estudios jurídicos. Mantenerte informado sobre cómo se gestionan los exámenes y las calificaciones, y estar dispuesto a buscar retroalimentación y clarificaciones cuando sea necesario, te ayudará a navegar con éxito esta parte crítica de tu educación en derecho.

Notas Curvadas En La Escuela De Derecho

Las notas curvadas son un aspecto integral y, a menudo, controvertido de la educación en la escuela de derecho. Este sistema de evaluación tiene implicaciones significativas para los estudiantes, desde su rendimiento académico hasta sus oportunidades profesionales. En esta sección, exploraremos qué son las notas curvadas, por qué se utilizan, cómo se implementan, sus impactos en los estudiantes, y las críticas y debates que las rodean.

Las notas curvadas son un sistema de evaluación en el cual las calificaciones de los estudiantes se distribuyen de acuerdo con una curva predefinida, generalmente siguiendo una distribución normal (curva de campana). En lugar de basarse en una escala fija, las notas de los estudiantes se ajustan en relación con el rendimiento de sus compañeros de clase.

Las escuelas de derecho emplean notas curvadas para mantener estándares académicos consistentes y garantizar que las calificaciones reflejen una comparación equitativa entre los estudiantes. Este sistema ayuda a prevenir la inflación de notas y asegura que solo un cierto porcentaje de estudiantes reciba las calificaciones más altas, lo cual puede ser crucial para diferenciarlos en un campo altamente competitivo.

Existen varios métodos para curvar las notas:

- **Curva de campana:** distribuye las calificaciones en una curva normal, con la mayoría de los estudiantes recibiendo notas en el rango medio y pocos recibiendo las más altas y más bajas.

- **Percentiles:** asigna calificaciones basadas en el percentil en el que se encuentra cada estudiante en relación con sus compañeros.

- **Fórmulas predefinidas:** algunas instituciones utilizan fórmulas específicas para determinar la distribución de las calificaciones.

Por ejemplo, en una clase grande, una escuela de derecho puede determinar que el 10% superior de los estudiantes recibirá una A, el siguiente

20% una B, y así sucesivamente. En clases más pequeñas, la distribución puede ajustarse para reflejar el tamaño de la muestra y las diferencias en la evaluación.

Las notas curvadas pueden tener un impacto significativo en la moral y la salud mental de los estudiantes. La presión para sobresalir en comparación con sus pares puede generar estrés y ansiedad, afectando el bienestar emocional. Este sistema fomenta un ambiente altamente competitivo, donde los estudiantes compiten directamente entre sí por las mejores calificaciones. Si bien esto puede motivar a algunos, también puede crear un entorno hostil y reducir la colaboración. Asimismo, las notas curvadas influyen en las oportunidades de empleo, ya que muchas firmas de abogados y otros empleadores utilizan las calificaciones para seleccionar candidatos. Las notas más altas pueden abrir puertas a programas de honor, becas y oportunidades de prácticas.

Estrategias para navegar notas curvadas

- **Entender la curva:** familiarizarse con cómo funciona la curva específica de su escuela puede ayudar a los estudiantes a ajustar sus expectativas y estrategias de estudio.
- **Estrategias de estudio efectivas:** enfocarse en técnicas de estudio que maximicen la comprensión y retención del material, como el estudio en grupo y el uso de recursos adicionales.
- **Manejo del estrés:** adoptar prácticas de manejo del estrés, como la meditación y el ejercicio, puede ayudar a los estudiantes a mantener el equilibrio durante los períodos de alta presión.
- **Consejeros académicos:** buscar el apoyo de consejeros académicos que puedan ofrecer orientación sobre cómo manejar las notas curvadas y mejorar el rendimiento académico.
- **Servicios de tutoría:** aprovechar los servicios de tutoría para reforzar la comprensión del material y preparar mejor los exámenes.

Las notas curvadas son una característica distintiva y debatida de la educación en la escuela de derecho. Comprender este sistema y sus implicaciones es esencial para que los estudiantes naveguen su experiencia académica y se preparen para sus futuras carreras. Al adoptar estrategias efectivas y aprovechar los recursos disponibles, los estudiantes pueden manejar mejor la presión de las notas curvadas y maximizar su éxito académico.

8

ASEGURAR UN EMPLEO

Hasta este punto, hemos cubierto todo lo necesario sobre la experiencia en la escuela de derecho. Ahora es el momento de enfocarnos en un aspecto crucial: cómo asegurar un empleo en el competitivo campo del derecho.

El mercado laboral para estudiantes de LL.M. que no poseen un J. D. de una escuela de Estados Unidos es muy competitivo. Los desafíos incluyen regulaciones de visa, la falta de un J. D. estadounidense y la inhabilidad para rendir el examen de abogacía en muchas jurisdicciones. Es importante que los estudiantes internacionales de LL.M. entiendan que estas son preocupaciones típicas de los empleadores y no reflejan una valoración personal de sus habilidades. Debido a estas barreras, la búsqueda de empleo para los graduados internacionales puede ser más difícil y es esencial comenzar la búsqueda lo antes posible.

Aunque es menos frecuente, los empleadores pueden seleccionar a los candidatos de LL.M. basándose en su desempeño académico, experiencia laboral, habilidades lingüísticas, licencias en jurisdicciones extranjeras y especialización en áreas del derecho relevantes para la práctica del bufete u organización. Dado que la competencia es alta, es fundamental ser flexible y tener una mentalidad abierta sobre el tipo de trabajo que aceptarás inicialmente. Considera la posibilidad de aceptar un puesto de nivel inicial, una posición fuera de la pista de asociación o un empleo en una corporación en lugar de en un bufete de abogados. Las pasantías y las oportunidades de voluntariado también pueden proporcionar valiosa experiencia legal en Estados Unidos.

Adopta un enfoque asertivo pero no agresivo en tu búsqueda de empleo. Debes demostrar a los posibles empleadores que estás altamente calificado y que puedes realizar el trabajo de manera efectiva. Enfócate en aprender a promocionar tus habilidades y calificaciones de manera convincente.

Empleo Bajo Visa F-1

Los estudiantes internacionales que estudian en Estados Unidos con una **visa F-1** enfrentan desafíos únicos y oportunidades diversas en cuanto al empleo durante y después de sus estudios. Esta sección explora las diferentes opciones de empleo disponibles para los estudiantes F-1, destacando las ventajas y requisitos asociados con cada una. Desde el trabajo en el campus hasta el Entrenamiento Práctico Curricular (CPT) y el Entrenamiento Práctico Opcional (OPT), estas oportunidades no solo apoyan financieramente a los estudiantes, sino que también les proporcionan valiosa experiencia práctica en su campo de estudio.

Empleo En El Campus

Una de las primeras opciones de empleo disponible para los estudiantes F-1 es el trabajo en el campus de su institución educativa. Este tipo de empleo permite a los estudiantes trabajar hasta 20 horas por semana durante los períodos académicos y a tiempo completo durante las vacaciones. Lo más notable es que no se requiere autorización previa de la oficina de estudiantes internacionales o del USCIS para este tipo de empleo. Trabajar en el campus proporciona a los estudiantes una excelente oportunidad para ganar experiencia laboral relevante mientras continúan sus estudios. Además de los beneficios financieros, el empleo en el campus puede ayudar a los estudiantes a integrarse en la comunidad universitaria, desarrollar habilidades comunicativas y construir redes profesionales que pueden ser útiles para su futura carrera.

Entrenamiento Práctico Curricular (CPT)

El **Entrenamiento Práctico Curricular (CPT)** es otra forma de empleo fuera del campus disponible para estudiantes F-1. Este programa está diseñado para permitir a los estudiantes obtener experiencia laboral práctica que sea una parte integral de su currículo académico. El CPT puede incluir programas como pasantías, educación cooperativa o cualquier tipo de práctica requerida que esté patrocinada por empleadores en colaboración con la institución educativa. Para ser elegible para el CPT, los estudiantes deben obtener la aprobación tanto de su programa académico como de la Oficina de Servicios para Estudiantes Internacionales. Este tipo de experiencia no solo complementa el aprendizaje teórico con aplicaciones prácticas, sino que también puede ser crucial para obtener experiencia relevante en el campo de estudio del estudiante y mejorar su empleabilidad después de la graduación.

Para modificar el Formulario I-20 para el Entrenamiento Práctico Curricular (CPT), es necesario seguir un proceso específico a través de la Oficina de Servicios para Estudiantes Internacionales. Primero, deberás obtener la aprobación del CPT a través de la oficina para que se refleje en tu Formulario I-20. Esto implica proporcionar una carta del empleador con información detallada. La carta debe incluir tu nombre completo, una declaración de la oferta de trabajo, el nombre y la dirección de la empresa, y el número de horas semanales que trabajarás, especificando si es a tiempo completo o parcial (trabajando más o menos de 20 horas por semana). También debe incluir las fechas exactas de inicio y finalización del empleo. Es importante señalar que técnicamente no puedes comenzar a trabajar hasta que el formulario CPT esté completo, por lo que debes indicar una fecha futura como la fecha de inicio, aproximadamente una semana después de la fecha de solicitud.

Entrenamiento Práctico Opcional (OPT)

El **Entrenamiento Práctico Opcional (OPT)** es una autorización de empleo fuera del campus que permite a los estudiantes F-1 trabajar en su campo de estudio principal. Los estudiantes que han completado al menos un año académico a tiempo completo son elegibles para hasta 12 meses de empleo a tiempo completo por cada nivel de estudio completado. Los meses de OPT no tienen que ser consecutivos y pueden utilizarse antes o después de la graduación. Sin embargo, cualquier uso de OPT antes de la graduación reduce el total disponible de 12 meses. Los estudiantes deben presentar una solicitud al Servicio de Ciudadanía e Inmigración de Estados Unidos (USCIS) para obtener la autorización de OPT, un proceso que puede llevar entre 3 y 5 meses. Es esencial comenzar el proceso de solicitud con suficiente antelación para evitar interrupciones en el empleo planificado después de la graduación. El OPT ofrece a los estudiantes la oportunidad de aplicar sus conocimientos académicos en entornos laborales reales, desarrollar habilidades profesionales y establecer conexiones en sus campos de interés.

Las opciones de empleo bajo la visa F-1 proporcionan a los estudiantes internacionales una plataforma invaluable para desarrollar habilidades prácticas, explorar su campo de estudio y prepararse para carreras exitosas en Estados Unidos. Desde el empleo en el campus que fomenta la integración comunitaria hasta el CPT y OPT que ofrecen experiencia laboral relevante, cada opción juega un papel crucial en la formación académica y profesional de los estudiantes F-1. Es esencial que los estudiantes aprovechen estas oportunidades, comprendan los requisitos específicos y se preparen adecuadamente para iniciar su carrera profesional en el competitivo mercado laboral estadounidense.

Patrocinio para visas H1-B

El patrocinio de la visa H-1B es un proceso mediante el cual una empresa en Estados Unidos patrocina a un trabajador extranjero para que pueda trabajar legalmente en el país. La visa H-1B está destinada a personas en ocupaciones especializadas que requieren conocimientos teóricos y técnicos en campos como la informática, la ingeniería, la medicina y otros. El empleador estadounidense debe presentar una petición para el trabajador extranjero a través del Formulario I-129 ante el Servicio de Ciudadanía e Inmigración de Estados Unidos (USCIS). Esta petición debe incluir documentación que demuestre que el puesto de trabajo requiere habilidades especializadas y que el trabajador posee las cualificaciones necesarias.

Cada año, existe un límite de 85,000 visas H-1B disponibles, de las cuales 20,000 están reservadas para personas con un grado de maestría o superior de una institución estadounidense. La demanda de visas H-1B suele superar la oferta, por lo que se realiza una lotería para asignarlas. El empleador debe demostrar que está ofreciendo un salario justo que se alinee con los estándares salariales del área para el puesto y debe presentar una «Labor Condition Application» (LCA) aprobada por el Departamento de Trabajo de los Estados Unidos. Este documento asegura que el trabajador extranjero no afectará negativamente las condiciones laborales de los trabajadores estadounidenses.

La visa H-1B se otorga inicialmente por un período de hasta tres años y puede ser renovada por otros tres años, sumando un total máximo de seis años. En ciertos casos, se pueden obtener extensiones adicionales si el trabajador está en proceso de obtener la residencia permanente (Green Card). No todas las empresas están dispuestas a patrocinar visas H-1B debido al tiempo, costo y compromiso requerido. Muchas empresas prefieren evitar este proceso y optan por candidatos que ya tienen permiso para trabajar en Estados Unidos.

Es común que durante las entrevistas, las empresas pregunten a los candidatos si necesitarán patrocinio de visa en el futuro para evaluar su disposición a contratar. De hecho, algunas empresas evitan contratar a estudiantes F-1 en OPT precisamente para no tener que enfrentar el proceso de patrocinio de la visa H-1B más adelante.

El proceso de patrocinio de la visa H-1B puede ser complejo y competitivo, pero es una vía importante para que los abogados internacionales puedan trabajar y desarrollarse profesionalmente en Estados Unidos. Es recomendable investigar y planificar cuidadosamente este proceso para aumentar las posibilidades de éxito.

La Importancia Del *Networking*

El ***networking*** es una habilidad vital para los estudiantes LL.M. que buscan establecerse en el competitivo mercado legal. Más allá de la simple acumulación de contactos, el *networking* implica la creación de relaciones sólidas y significativas que pueden abrir puertas a oportunidades de empleo, mentoría y desarrollo profesional a largo plazo.

Desde el inicio del programa LL.M., participar activamente en eventos y actividades de *networking* es crucial. Asistir a conferencias especializadas, ferias de empleo y reuniones de exalumnos proporciona una plataforma invaluable para interactuar con profesionales del sector legal, aprender sobre las tendencias actuales y futuras del mercado laboral, y establecer conexiones significativas que pueden llevar a oportunidades profesionales concretas.

Un aspecto fundamental del *networking* es la participación en asociaciones profesionales y grupos de exalumnos. Estos grupos ofrecen no solo la oportunidad de conectar con colegas y profesionales establecidos, sino también de acceder a recursos educativos, programas de desarrollo profesional y eventos exclusivos que pueden potenciar tu crecimiento profesional.

Durante eventos de *networking*, es esencial presentarse de manera efectiva. Esto implica comunicar claramente tus habilidades, experiencia y metas profesionales de una manera que resuene con los potenciales empleadores y contactos profesionales. Mantener una actitud proactiva y enfocada en establecer relaciones genuinas puede marcar la diferencia en cómo eres percibido dentro de la comunidad legal.

Además de participar en eventos físicos, el *networking* en línea también desempeña un papel crucial. Plataformas como LinkedIn ofrecen la oportunidad de conectar con profesionales de la industria legal, compartir publicaciones relevantes, participar en debates y establecer relaciones virtuales que pueden traducirse en oportunidades de empleo y colaboración profesional.

Para mantener relaciones efectivas a largo plazo, es importante seguir cultivando tus conexiones establecidas. Esto puede incluir el envío regular de actualizaciones sobre tu progreso académico y profesional, compartir artículos de interés y mantener una comunicación abierta y constructiva. El networking no se trata solo de buscar empleo, sino de construir relaciones duraderas que puedan beneficiarte a lo largo de tu carrera profesional.

En resumen, el *networking* efectivo para estudiantes LL.M. implica una combinación de participación activa en eventos físicos y virtuales, participación en asociaciones profesionales relevantes y la habilidad para presentarse de manera convincente y profesional. Al invertir tiempo y esfuerzo en construir y mantener una red sólida, aumentas significativamente tus oportunidades de éxito en el mercado legal y más allá.

Estrategias Para Crear Un Currículum (Résumé) Y Carta De Presentación (Cover Letter) Efectivos

Los **currículums legales** en Estados Unidos suelen diferir significativamente de los estándares en otros países. Antes de preparar tu currículum para enviarlo a un empleador estadounidense, es crucial revisar esta sección y los ejemplos proporcionados. Tu currículum es una representación de ti mismo: tus logros, habilidades, capacidad de escritura, personalidad y potencial. La mayoría de los empleadores dedican menos de un minuto a revisar cada currículum, y a veces, incluso menos de 30 segundos.

Es fundamental que tu currículum resalte tus fortalezas profesionales y minimice tus debilidades. Existen directrices básicas que los estudiantes deben seguir al elaborar un currículum al estilo estadounidense. A continuación, se presentan pautas sobre el contenido y el formato, además de ejemplos de currículums.

El formato de un currículum legal en Estados Unidos es clave para captar la atención del empleador. Un currículum bien organizado y visualmente atractivo puede hacer una gran diferencia. Usa una fuente clara y profesional, como Times New Roman o Arial, en tamaño 11 o 12. Mantén márgenes de una pulgada en todos los lados para asegurar que el texto no esté demasiado condensado.

En la parte superior de tu currículum, incluye tu nombre completo, ciudad, número de teléfono y dirección de correo electrónico. Asegúrate de que esta información sea precisa y profesional. Evita direcciones de correo electrónico no profesionales. Tu nombre debe estar en un tamaño de fuente ligeramente mayor para destacarse.

Aunque algunos currículums incluyen un objetivo o resumen profesional, por lo general no se recomienda incluirlo en el área del derecho, ya que esto se cubre en la carta de presentación. En caso de desear utilizarlo, debe ser breve, de una o dos frases, y debe enfocar tu intención profesional o destacar tus cualidades más relevantes. Por ejemplo: «abogado especializado en derecho internacional con experiencia en litigios y negociación de contratos, buscando oportunidades para aplicar habilidades en un entorno corporativo global».

La sección de educación debe listar tus credenciales académicas en orden cronológico inverso, comenzando con el grado más reciente. Incluye el nombre de la institución, ubicación, el título obtenido y la fecha de graduación. Si tienes calificaciones destacadas, como «*cum laude*» o «*magna cum laude*», asegúrate de mencionarlas. Además, incluye cualquier beca o premio relevante.

La experiencia profesional es una de las secciones más importantes de tu currículum. Enumera tus empleos en orden cronológico inverso. Para cada puesto, incluye el título del trabajo, nombre de la empresa, ubicación y fechas de empleo. Debajo de cada empleo, describe tus responsabilidades y logros. Sé específico y cuantifica tus logros siempre que sea posible. Por ejemplo: «reduje los costos legales en un 15% a través de una revisión exhaustiva de los contratos».

Puedes incluir una sección de habilidades donde destaques tus competencias técnicas y de software relevantes, como el manejo de LexisNexis, Westlaw u otros programas legales. También menciona cualquier habilidad lingüística, especialmente si eres fluido en más de un idioma, ya que esto puede ser muy atractivo para firmas con clientes internacionales.

Si has escrito artículos académicos o participado en conferencias, puedes incluir una sección de publicaciones y presentaciones. También es posible mencionarlo debajo de actividades relevantes en la escuela o posición previa donde se realizó. Menciona el título del artículo, la revista o conferencia donde fue presentado y la fecha. Esta sección demuestra tu capacidad para contribuir al campo legal más allá de la práctica directa.

Ser miembro de asociaciones legales puede agregar mucho valor a tu currículum. Enumera todas las membresías relevantes, incluyendo el nombre de la asociación y tu rol dentro de la misma. Por ejemplo: «miembro activo de la American Bar Association, Sección de Derecho Internacional». Las actividades de voluntariado y extracurriculares pueden mostrar tu compromiso con la comunidad y tu capacidad para trabajar en equipo. Describe brevemente tu rol y las actividades que realizaste. Por ejemplo: «voluntario en la Clínica Legal de Asistencia a Inmigrantes, ofreciendo asesoramiento legal gratuito a solicitantes de asilo». Aunque no es necesario incluir referencias directamente en tu currículum, puedes señalar que están disponibles a solicitud. Esto se suele hacer con una simple línea al final del documento: «referencias disponibles a solicitud».

Asegúrate de adaptar tu currículum para cada puesto al que apliques. Resalta la experiencia y habilidades más relevantes para el trabajo específico. Revisa tu currículum varias veces para evitar errores gramaticales o de formato. Considera pedir a un colega o mentor que lo revise también. Nunca incluyas información falsa o exagerada. La integridad es fundamental en la profesión legal. Un currículum bien elaborado no solo abre puertas, sino que también representa tu primer impacto en un potencial empleador. Dedica el tiempo necesario para pulir cada detalle y asegúrate de que refleje fielmente tu profesionalismo y capacidad.

Ahora que tienes un currículum sólido que destaca tus logros y habilidades, el siguiente paso es aprender a redactar una carta de presentación efectiva. Mientras que el currículum proporciona una visión general de tu experiencia y calificaciones, la carta de presentación es tu oportunidad para explicar en detalle por qué eres el candidato ideal para el puesto. Es el complemento perfecto para tu currículum, permitiéndote personalizar tu mensaje para cada empleador y destacar aspectos específicos de tu carrera y personalidad que te hacen único. A continuación, exploraremos cómo estructurar y escribir una carta de presentación que capte la atención de los empleadores y te acerque un paso más a asegurar el empleo deseado.

La **carta de presentación** es un componente esencial en el proceso de búsqueda de empleo, especialmente en el ámbito legal en Estados Unidos. Sirve como una introducción personal a tu currículum, permitiéndote destacar tus habilidades, experiencia y el valor que puedes aportar a la organización. Una carta de presentación efectiva puede marcar la diferencia entre obtener una entrevista y que tu solicitud pase desapercibida. A continuación, se detallan los elementos clave y algunos consejos para redactar una carta de presentación que capte la atención del empleador y te ayude a sobresalir en el competitivo mercado laboral.

Comienza tu carta de presentación con tus datos de contacto en la parte superior, incluyendo tu nombre, dirección, número de teléfono y dirección de correo electrónico. Debajo de tus datos, escribe la fecha y luego los datos de contacto del empleador, incluyendo el nombre del destinatario, su cargo, el nombre de la empresa y la dirección de la empresa. Personalizar la carta con el nombre del destinatario demuestra tu interés y esfuerzo en investigar sobre la empresa y el puesto. Si no conoces el nombre del destinatario, una búsqueda rápida en LinkedIn o en el sitio web de la empresa puede ser útil.

El primer párrafo debe captar la atención del lector de inmediato. Menciona el puesto específico para el que estás aplicando y cómo te enteraste de la oportunidad. Si alguien te recomendó el puesto, menciónalo aquí. Esto puede incluir recomendaciones de colegas, amigos, profesores o incluso contactos que hayas hecho a través de eventos de *networking*. Además, este párrafo inicial debe dar una breve introducción de quién eres y por qué estás interesado en la posición. Por ejemplo, podrías comenzar con algo como: «Me dirijo a usted para expresar mi interés en la posición de Asociado Legal en [Nombre de la Empresa], anunciada en [Fuente]. Como abogado con experiencia en [área relevante], estoy entusiasmado por la oportunidad de contribuir a su equipo».

El cuerpo de la carta, generalmente compuesto de dos a tres párrafos, debe detallar tus habilidades y experiencia relevantes. Explica cómo tu formación académica y experiencia laboral te han preparado para el puesto. Utiliza ejemplos concretos para ilustrar tus logros y cómo has manejado responsabilidades similares en el pasado. Por ejemplo, si estás aplicando para una posición en derecho corporativo, podrías mencionar casos específicos en los que hayas trabajado en fusiones y adquisiciones, destacando tu capacidad para negociar y redactar contratos complejos. Relaciona tus habilidades con las necesidades del empleador, demostrando que entiendes los desafíos del puesto y estás preparado para afrontarlos. Además, menciona cualquier competencia adicional que pueda ser valiosa, como habilidades en idiomas extranjeros, manejo de software legal específico o experiencia internacional.

En el siguiente párrafo, discute por qué te atrae la empresa en particular. Investiga sobre la cultura, los valores y los proyectos recientes de la organización, y explica cómo tus valores y metas profesionales se alinean con los de ellos. Esto muestra que no solo estás buscando un trabajo, sino que estás buscando trabajar en esa empresa específica. Por ejemplo, podrías decir: «Estoy particularmente impresionado por el compromiso de [Nombre de la Empresa] con la innovación en el derecho ambiental. Como alguien que ha trabajado en proyectos de sostenibilidad, me entusiasma la posibilidad de contribuir a sus iniciativas de responsabilidad social corporativa».

El párrafo final debe ser una llamada a la acción. Reitera tu interés en el puesto y tu disposición para discutir tu solicitud en una entrevista. Agradece al lector por su tiempo y consideración, y proporciona tus datos de contacto para que puedan comunicarse contigo fácilmente. Una forma efectiva de cerrar es diciendo: «Estoy muy interesado en discutir cómo mis habilidades y experiencias pueden contribuir al éxito de [Nombre de la Empresa]. Gracias por considerar mi solicitud. Espero tener la oportunidad de conversar con usted en una entrevista. Puede contactarme en [tu número de teléfono] o [tu dirección de correo electrónico]».

Termina la carta con una despedida profesional, como «Atentamente», seguida de tu nombre completo. Si estás enviando una carta impresa, deja espacio para tu firma entre la despedida y tu nombre. En el caso de enviar la carta por correo electrónico, simplemente escribe tu nombre completo después de la despedida.

Recuerda revisar y corregir tu carta de presentación para asegurarte de que no haya errores gramaticales ni tipográficos. Una carta bien escrita y libre de errores refleja tu atención al detalle y tu profesionalismo. Además, mantén la carta de presentación concisa y directa; idealmente, no debe exceder una página. Utiliza un lenguaje claro y profesional, y evita el uso de jergas o términos demasiado técnicos que el empleador podría no entender.

Además, adapta cada carta de presentación a la oferta de trabajo específica. Aunque puede ser tentador usar una carta de presentación genérica, una carta personalizada demuestra que has dedicado tiempo y esfuerzo a entender las necesidades del empleador y cómo puedes satisfacerlas.

Otros Documentos A Tener En Cuenta Al Momento De Aplicar

Al postularte a un empleo en el ámbito legal en Estados Unidos, además del currículum y la carta de presentación, es posible que los empleadores te soliciten otros documentos adicionales. Estos documentos pueden incluir muestras de escritura (writing samples), transcripciones académicas (transcripts) y referencias (references). Cada uno de estos documentos desempeña un papel crucial en el proceso de selección, proporcionando a los empleadores una visión más completa de tus habilidades, experiencia y antecedentes académicos. A continuación, se detalla la importancia de cada uno y cómo prepararlos adecuadamente.

Las **muestras de escritura** son esenciales en el proceso de aplicación para muchos puestos legales. Estas muestras demuestran tu capacidad para redactar documentos legales claros, precisos y bien fundamentados, lo cual es una habilidad fundamental para cualquier abogado. Cuando selecciones una muestra de escritura, elige un trabajo que refleje tu mejor escritura y que sea relevante para el puesto al que estás aplicando. Puede ser un memorando legal, un extracto de una nota de un artículo de derecho, una moción escrita para un tribunal o cualquier otro documento que hayas preparado durante tus estudios o experiencia laboral. Es fundamental que la muestra sea tu propio trabajo y no una colaboración en equipo. Si el documento original es largo, puedes proporcionar un extracto, asegurándote de incluir una nota explicativa que brinde contexto sobre el documento completo. Revisa minuciosamente tu muestra de escritura para evitar errores gramaticales y tipográficos, y asegúrate de que esté redactada en un estilo profesional y acorde con los estándares legales.

Las **transcripciones académicas** son otro componente crucial del proceso de aplicación. Estas transcripciones proporcionan a los empleadores una visión detallada de tu rendimiento académico a lo largo de tu carrera educativa. En ellas se incluye una lista de los cursos que has tomado, las calificaciones que has obtenido y, en algunos casos, el promedio general de calificaciones (GPA). Al solicitar empleo en el campo legal, es importante que solicites una copia oficial de tus transcripciones de todas las instituciones educativas a las que hayas asistido. Asegúrate de solicitar estas transcripciones con suficiente antelación, ya que algunas instituciones pueden tardar varias semanas en procesar y enviar estos documentos. Mantén una copia digital de tus transcripciones oficiales para enviarlas fácilmente a los empleadores que las requieran.

Las **referencias** también son fundamentales en el proceso de búsqueda de empleo. Los empleadores a menudo solicitan referencias para obtener una visión externa de tus habilidades, ética de trabajo y profesionalismo. Selecciona cuidadosamente a tus referencias, eligiendo personas que puedan hablar de manera positiva y específica sobre tus capacidades y logros. Las referencias pueden incluir antiguos empleadores, profesores, colegas o supervisores con los que hayas trabajado estrechamente. Antes de incluir a alguien como referencia, asegúrate de obtener su permiso y proporcionarles información sobre el puesto al que estás aplicando para que puedan preparar una recomendación adecuada. Es útil proporcionar a tus referencias una copia de tu currículum y detalles sobre el trabajo para el que estás siendo considerado, para que puedan adaptar sus comentarios a las habilidades y experiencias que son más relevantes para la posición.

En resumen, al preparar tu aplicación para un puesto legal, es esencial incluir una muestra de escritura de alta calidad, transcripciones académicas oficiales y referencias sólidas. Estos documentos adicionales proporcionan a los empleadores una visión más completa de tu perfil profesional y académico, y pueden ser decisivos en el proceso de selección. Asegúrate de revisar y preparar cuidadosamente cada uno de estos componentes para presentar una aplicación sólida y profesional.

Trabajo Pro Bono Para Admisión

En muchas jurisdicciones de Estados Unidos, se requiere que los aspirantes a la admisión al colegio de abogados completen una cantidad específica de horas de **trabajo *pro bono*** antes de poder ejercer la profesión legal. Este requisito subraya la importancia del servicio comunitario y el compromiso con la justicia social en la práctica legal. Aprovechar las oportunidades *pro bono* durante tu tiempo en la escuela de derecho no solo te ayudará a cumplir con este requisito, sino que también enriquecerá tu experiencia educativa y profesional.

El trabajo *pro bono*, que se refiere a la prestación de servicios legales gratuitos a personas o comunidades que no pueden pagar dichos servicios, es una forma valiosa de adquirir experiencia práctica. Participar en actividades *pro bono* te permite aplicar los conocimientos adquiridos en el aula a situaciones reales, mejorar tus habilidades legales y ganar confianza en tu capacidad para ayudar a los demás. Además, el trabajo *pro bono* te proporciona la oportunidad de explorar diferentes áreas del derecho y desarrollar una comprensión más profunda de las diversas necesidades legales de la comunidad.

La mayoría de las escuelas de derecho en Estados Unidos ofrecen una variedad de oportunidades *pro bono* a través de sus clínicas legales, programas de externados y colaboraciones con organizaciones sin fines de lucro. Estas oportunidades están diseñadas para ser accesibles y flexibles, permitiéndote cumplir con tus obligaciones académicas mientras adquieres experiencia práctica. Es recomendable que te familiarices con los programas *pro bono* disponibles en tu institución desde el comienzo de tus estudios, para planificar cómo incorporar estas actividades en tu agenda académica.

Participar en el trabajo *pro bono* no solo es una forma de cumplir con los requisitos de admisión al colegio de abogados, sino que también demuestra tu compromiso con la justicia social a futuros empleadores. Muchas firmas de abogados y organizaciones valoran a los candidatos que han dedicado tiempo y esfuerzo a actividades *pro bono*, ya que esto refleja una ética de servicio y una dedicación a la práctica responsable del derecho. Además, las horas *pro bono* pueden servir como una valiosa adición a tu currículum y pueden ser un tema significativo para discutir durante entrevistas de trabajo.

Para maximizar el beneficio de tu trabajo pro bono, es útil llevar un registro detallado de las horas que dedicas a estas actividades, así como de los tipos de casos y proyectos en los que participas. Algunas jurisdicciones requieren la presentación de documentación específica al momento de solicitar la admisión al colegio de abogados, por lo que mantener un registro organizado facilitará este proceso. También es beneficioso reflexionar sobre tus experiencias *pro bono* y considerar cómo han influido en tu desarrollo profesional y personal.

En resumen, completar horas *pro bono* durante tu tiempo en la escuela de derecho es una excelente manera de cumplir con los requisitos de admisión al colegio de abogados, adquirir experiencia práctica y demostrar tu compromiso con el servicio comunitario. Aprovecha las oportunidades *pro bono* disponibles en tu institución para desarrollar tus habilidades legales, explorar diferentes áreas del derecho y contribuir positivamente a la comunidad. Al hacerlo, no solo cumplirás con un requisito esencial, sino que también enriquecerás tu formación legal y te prepararás mejor para una carrera exitosa y significativa en el derecho.

Ejemplo De Résumé

NOMBRE APELLIDO

Ciudad, Abreviatura del Estado - Teléfono Móvil - Dirección de Correo Electrónico

BAR STATUS

Planeo presentar el Uniform Bar Exam para la admisión en el Estado de X, Fecha

EDUCACIÓN

FACULTAD DE DERECHO DE Estados Unidos., Ciudad, Abreviatura del Estado, País
Candidato para LL.M. en _, Se espera en Mes 20**_
Honores: Nombre del Honor
Actividades: Actividad, Título
FACULTAD DE DERECHO, Ciudad, Abreviatura del Estado, País
Abreviatura del Título, Mes 20**_
Honores: Nombre del Honor
Actividades: Actividad, Título
ESCUELA, Ciudad, Abreviatura del Estado, País
Abreviatura del Título, Mes 20**_
Honores: Nombre del Honor
Actividades: Actividad, Título

EXPERIENCIA

NOMBRE DEL EMPLEADOR, Ciudad, Abreviatura del Estado
Título, Mes 20** – Mes 20**
Descripción.
NOMBRE DEL EMPLEADOR, Ciudad, Abreviatura del Estado
Título, Mes 20** – Mes 20**
Descripción.
NOMBRE DEL EMPLEADOR, Ciudad, Abreviatura del Estado
Título, Mes 20** – Mes 20**
Descripción.

INFORMACIÓN ADICIONAL

Idiomas, intereses, certificaciones, otros.

Ejemplo De Cover Letter

NOMBRE APELLIDO
Ciudad, Abreviatura del Estado - Teléfono Móvil - Dirección de Correo Electrónico

[Fecha]

VIA: E-MAIL
[Nombre del Reclutador]
[Título del Reclutador]
[Nombre de la Empresa]
[Dirección de la Empresa]
[Ciudad, Estado, Código Postal]
Estimado/a [Nombre del Reclutador]:

Me dirijo a usted para expresar mi interés en la posición de [Título del Puesto] publicada en [Dónde Encontró la Oferta]. Recientemente obtuve mi título de LL.M. en [Nombre de la Facultad de Derecho de Estados Unidos.] y soy graduado/a en derecho por [Nombre de la Facultad de Derecho en el Extranjero]. Estoy muy entusiasmado/a con la oportunidad de aplicar mis conocimientos legales y habilidades en [Nombre de la Empresa].

Durante mi tiempo en [Nombre de la Facultad de Derecho de Estados Unidos.], me especialicé en [Área de Especialización], donde adquirí una sólida formación en [Mencionar alguna habilidad relevante]. En mi experiencia previa en [Nombre del Empleador Anterior], trabajé como [Título del Puesto], desarrollando habilidades en [Mencionar alguna tarea o habilidad específica]. Estas experiencias me han preparado para contribuir eficazmente a su equipo. Me atrajo esta posición en [Nombre de la Empresa] debido a su reputación en [Mencionar algo específico sobre la empresa]. Creo que mi formación y experiencia me permiten aportar una perspectiva única y valiosa a su equipo.

Adjunto a esta carta encontrará mi currículo. Estoy ansioso/a por discutir cómo mis habilidades y experiencias pueden contribuir al éxito de [Nombre de la Empresa]. Agradezco su tiempo y consideración y espero tener la oportunidad de conversar con usted en una entrevista.

Atentamente,
[Nombre] [Apellido]

9

DIFERENTES EXÁMENES PARA LA MATRICULACIÓN

Hasta ahora, hemos cubierto en detalle todos los aspectos necesarios para superar con éxito la escuela de derecho. Hemos explorado los requisitos de admisión, los diferentes tipos de visas estudiantiles, cómo preparar y presentar tus solicitudes, y las estrategias para mantener un buen rendimiento académico durante tu formación. Además, hemos discutido la importancia de la planificación financiera, incluyendo cómo obtener financiamiento y becas para sostener tus estudios en Estados Unidos.

Como hemos visto, la profesión legal en Estados Unidos es una de las más respetadas y exigentes, requiriendo una sólida formación académica y un profundo compromiso con la ética y el profesionalismo. Para poder ejercer como abogado en cualquier jurisdicción estadounidense, es necesario superar una serie de exámenes estandarizados que evalúan tanto el conocimiento teórico como las habilidades prácticas. Estos exámenes aseguran que todos los abogados tengan la competencia necesaria para representar a sus clientes de manera efectiva y cumplir con los altos estándares de la profesión.

En este capítulo, exploraremos en detalle los diferentes exámenes que debes aprobar para obtener la licencia de abogado en diversas jurisdicciones de Estados Unidos. Desde el exigente Bar Exam hasta pruebas específicas como el Multistate Professional Responsibility Examination (MPRE), cada examen juega un papel crucial en la preparación de los futuros abogados para los desafíos de la práctica legal. También analizaremos exámenes adicionales requeridos en ciertas especialidades y jurisdicciones, así como estrategias de preparación que te ayudarán a enfrentar estos retos con confianza.

Este capítulo te proporcionará una comprensión integral de los requisitos necesarios para matricularte como abogado, asegurando que estés bien preparado para emprender tu carrera legal en Estados Unidos.

Multistate Professional Responsibility Examination (MPRE)

El **Multistate Professional Responsibility Examination (MPRE)** es un componente crucial en el camino para convertirse en un abogado licenciado en Estados Unidos. Administrado por la Conferencia Nacional de Examinadores de Barra (NCBE), este examen es requerido por la mayoría de las jurisdicciones para asegurar que los futuros abogados comprendan y respeten las normas de conducta profesional y ética.

El MPRE está diseñado para evaluar tu conocimiento y comprensión de las normas éticas y la conducta profesional que rigen la práctica del derecho. A diferencia del Bar Exam, que mide el conocimiento sustantivo del derecho, el MPRE se centra en las reglas de ética basadas en los **Model Rules of Professional Conduct de la American Bar Association (ABA),** así como otros estándares y precedentes judiciales relacionados con la ética profesional.

El examen consta de 60 preguntas de opción múltiple que debes completar en un lapso de dos horas. De estas 60 preguntas, 50 son calificadas y las 10 restantes son preguntas pretestadas para futuros exámenes y no afectan tu puntaje. Las preguntas abarcan diversas áreas de la ética profesional, incluyendo conflictos de interés, confidencialidad, publicidad y solicitación, competencias, responsabilidades de los abogados y jueces, y la conducta en litigios.

La mayoría de las jurisdicciones de Estados Unidos requieren la aprobación del MPRE como parte del proceso de obtención de la licencia para ejercer la abogacía. Sin embargo, los requisitos de puntuación mínima pueden variar según la jurisdicción. Generalmente, una puntuación de entre 75 y 85 es suficiente para aprobar, pero es crucial verificar los requisitos específicos de la jurisdicción donde planeas ejercer.

Aprobar el MPRE no solo es un requisito para obtener la licencia en muchas jurisdicciones, sino que también es una señal de tu compromiso con la ética profesional y la conducta responsable en la práctica del derecho. La capacidad de entender y aplicar las normas éticas es fundamental para proteger los intereses de los clientes, mantener la integridad de la profesión legal y asegurar la justicia en el sistema jurídico.

El MPRE, aunque específico en su enfoque, es una parte integral del proceso de formación de un abogado competente y ético. Al dedicar el tiempo y esfuerzo necesarios para prepararte y aprobar este examen, estarás dando un paso crucial hacia una carrera legal exitosa y respetada.

Estrategias De Preparación Para El MPRE

Prepararse para el MPRE requiere una combinación de estudio disciplinado y familiarización con los tipos de preguntas que se presentarán en el examen. Aquí te presentamos algunas estrategias clave para asegurar un rendimiento exitoso:

1. Inscribirse en un curso de preparación. La mayoría de los programas de preparación para el examen de barra (bar prep) ofrecen cursos gratuitos específicos para el MPRE. Estos cursos suelen incluir lecciones en video, cuestionarios de práctica y simulacros de exámenes. Algunos de los proveedores más conocidos son Barbri, Kaplan y Themis. Inscribirse en uno de estos cursos puede proporcionar una estructura y recursos valiosos para tu estudio.

2. Revisar el Código de Conducta Profesional. El MPRE se basa principalmente en el Código de Conducta Profesional de la American Bar Association (ABA). Asegúrate de leer y comprender este documento a fondo, ya que muchas preguntas del examen evaluarán tu conocimiento y aplicación de estas reglas.

3. Practicar con exámenes anteriores. Realizar exámenes de práctica es una de las maneras más efectivas de prepararse para el MPRE. Estos exámenes te familiarizan con el formato de las preguntas y el tipo de razonamiento que se espera. Además, te ayudan a identificar áreas en las que necesitas mejorar. Aprovecha los bancos de preguntas proporcionados por los cursos de preparación y practica regularmente para desarrollar tu habilidad para analizar y responder preguntas de manera eficiente.

4. Establecer un horario de estudio. La preparación para el MPRE debe ser un proceso estructurado. Crea un horario de estudio que te permita cubrir todas las áreas del contenido del examen con tiempo suficiente para repasar y reforzar los conceptos más desafiantes. Dedicar tiempo diario o semanal específico para el estudio puede ayudar a mantenerte en el camino correcto.

5. Utilizar recursos adicionales. Además de los cursos de preparación y exámenes de práctica, hay muchos otros recursos disponibles que pueden ayudarte a prepararte para el MPRE. Libros de estudio, aplicaciones móviles y guías en línea pueden proporcionar explicaciones detalladas de los conceptos y preguntas adicionales para practicar. Considera unirte a grupos de estudio o foros en línea donde puedas discutir preguntas difíciles y compartir estrategias con otros estudiantes que se están preparando para el mismo examen.

6. Técnicas de examen y manejo del tiempo. El MPRE tiene un límite de tiempo, por lo que es esencial desarrollar buenas habilidades de manejo del tiempo. Practica responder preguntas dentro de un marco de tiempo determinado para acostumbrarte a la presión del examen real. Aprende a leer cada pregunta cuidadosamente y a eliminar rápidamente las opciones incorrectas para aumentar tus posibilidades de seleccionar la respuesta correcta.

Al implementar estas estrategias de preparación, puedes aumentar significativamente tus probabilidades de éxito en el MPRE. Recuerda que la consistencia y la práctica son claves para dominar el material y sentirte seguro el día del examen.

Calificaciones Necesarias Por Jurisdicción

Para obtener la licencia para practicar derecho en una jurisdicción específica, es crucial comprender los **requisitos de calificación del MPRE** que se aplican a esa región. Cada jurisdicción tiene su propio puntaje mínimo de aprobación, que puede variar significativamente. La siguiente tabla detalla los puntajes mínimos requeridos para aprobar el MPRE en distintas jurisdicciones de Estados Unidos. Esta información es esencial para planificar tu preparación y asegurarte de cumplir con los estándares necesarios para la jurisdicción en la que deseas practicar17.

Estado	Calificación
Alabama	75
Alaska	80
Arizona	85
Arkansas	85
California	86
Colorado	85
Connecticut	80
Delaware	85
District of Columbia	75
Florida	80

[17] Información tomada del National Conference of Bar Examiners. Es importante verificar los requisitos específicos al momento de aplicar. Disponible en https://reports.ncbex.org/comp-guide/charts/chart-6/#mpre

Georgia	75
Hawaii	85
Idaho	85
Illinois	80
Indiana	80
Iowa	80
Kansas	80
Kentucky	80
Louisiana	80
Maine	80
Maryland	85
Massachusetts	85
Michigan	85
Minnesota	85
Mississippi	75
Missouri	80
Montana	80
Nebraska	85
Nevada	85
New Hampshire	79
New Jersey	75
New Mexico	80
New York	85
North Carolina	80
North Dakota	85
Ohio	85
Oklahoma	80
Oregon	85
Pennsylvania	75
Rhode Island	80
South Carolina	77
South Dakota	85
Tennessee	82
Texas	85
Utah	86
Vermont	80
Virginia	85
Virgin Islands	75
Washington	85
West Virginia	80
Wisconsin	No necesario
Wyoming	85

Secciones del MPRE

El examen MPRE se estructura en varias secciones que cubren distintos aspectos de la ética profesional y la responsabilidad en la práctica legal. Estas secciones están diseñadas para evaluar tu conocimiento y comprensión de las normas que rigen la conducta de los abogados. A continuación, se presentan las secciones del MPRE, cada una enfocada en áreas específicas que son cruciales para la práctica del derecho con integridad y profesionalismo[18].

Sección	Porcentaje
Regulación de la Profesión Legal	6-12%
Relación Abogado-Cliente	10-16%
Confidencialidad	6-12%
Conflictos de interés	12-18%
Competencia, mala práctica profesional y otra responsabilidad civil	6-12%
Litigación y otras formas de abogacía	10-16%
Transacciones y comunicaciones con personas no clientes	2-8%
Diferentes roles del abogado	4-10%
Asegurando fondos y otras propiedades	2-8%
Comunicación sobre servicios legales	4-10%
Deberes del abogado hacia al público y el sistema legal	2-4%
Conducta Judicial	2-8%

Uniform Bar Exam

El **Uniform Bar Exam (UBE)** es una evaluación estandarizada creada por la **Conferencia Nacional de Examinadores de Barra (NCBE)** que se utiliza en muchas jurisdicciones de Estados Unidos. El objetivo principal del UBE es proporcionar una medida uniforme de las habilidades y conocimientos esenciales para la práctica legal. Esta estandarización permite que los puntajes obtenidos en el examen sean transferibles entre las jurisdicciones que han adoptado el UBE, facilitando la movilidad profesional de los abogados dentro del país[19].

La adopción del UBE por diversas jurisdicciones ha revolucionado la

[18] El National Conference of Bar Examiners brinda un outline más detallado. Disponible en https://www.ncbex.org/sites/default/files/2023-01/MPRE_Subject_Matter_Outline.pdf

[19] Información adaptada del National Conference of Bar Examiners, disponible en https://www.ncbex.org/exams/ube/about-ube

manera en que los nuevos abogados obtienen su licencia para practicar. Anteriormente, los abogados tenían que rendir exámenes específicos de cada estado, lo que complicaba el proceso de reubicación y la práctica en múltiples estados. Con el UBE, una puntuación uniforme puede ser aceptada en cualquier jurisdicción participante, simplificando significativamente este proceso.

Aunque el UBE proporciona una medida estandarizada de competencias legales generales, las jurisdicciones individuales pueden tener requisitos adicionales. Estos pueden incluir pruebas sobre leyes específicas de la jurisdicción o componentes educativos adicionales para asegurar que los candidatos estén familiarizados con las particularidades legales de la jurisdicción donde buscan admisión.

El objetivo principal del UBE es evaluar los conocimientos y habilidades fundamentales que todos los abogados deben poseer antes de ser licenciados para ejercer la abogacía. La portabilidad de la puntuación del UBE es una ventaja significativa, ya que permite a los candidatos utilizar sus puntuaciones para solicitar la admisión en cualquiera de las jurisdicciones que aceptan el UBE. Esta flexibilidad beneficia tanto a los examinados, que ganan una mayor movilidad profesional, como a las jurisdicciones, que reciben una medida estandarizada de la competencia de los candidatos.

La relevancia del UBE se puede destacar en varios aspectos:

1. Portabilidad del puntaje. La capacidad de transferir puntajes entre estados proporciona una gran flexibilidad para los abogados que buscan trabajar en diferentes jurisdicciones sin necesidad de rendir múltiples exámenes de abogacía. Esto es particularmente beneficioso para aquellos en áreas metropolitanas que abarcan múltiples estados o para quienes desean cambiar de estado por motivos personales o profesionales.

2. Estandarización de la evaluación. Al proporcionar un examen estandarizado, el UBE asegura que todos los candidatos sean evaluados bajo los mismos criterios y estándares, independientemente de la jurisdicción. Esto promueve una base equitativa para medir la competencia de los aspirantes a abogados.

3. Reducción de costos y esfuerzos. El UBE reduce la necesidad de preparar y rendir múltiples exámenes específicos de cada estado, lo que ahorra tiempo y dinero a los aspirantes. Esta eficiencia también se extiende a las jurisdicciones, que pueden concentrarse en otros aspectos de la licencia y regulación de la profesión.

4. Promoción de la competencia nacional. Al unificar el proceso de evaluación, el UBE fomenta una competencia saludable entre los abogados a nivel nacional, asegurando que las habilidades y conocimientos esenciales sean reconocidos y valorados de manera uniforme en todos los estados participantes.

Jurisdicciones que han adoptado el UBE

El UBE ha sido adoptado por un número significativo de jurisdicciones en Estados Unidos, reflejando una tendencia hacia la estandarización y la portabilidad de las licencias para ejercer la abogacía. Estas jurisdicciones reconocen las ventajas de un examen uniforme, que permite a los aspirantes abogados transferir sus calificaciones y ejercer en múltiples estados sin la necesidad de repetir el examen de barra. A continuación, presentamos una lista detallada de las jurisdicciones que han adoptado el UBE, destacando el impacto positivo de esta adopción en la movilidad profesional de los abogados y la coherencia en la evaluación de competencias legales a nivel nacional[20].

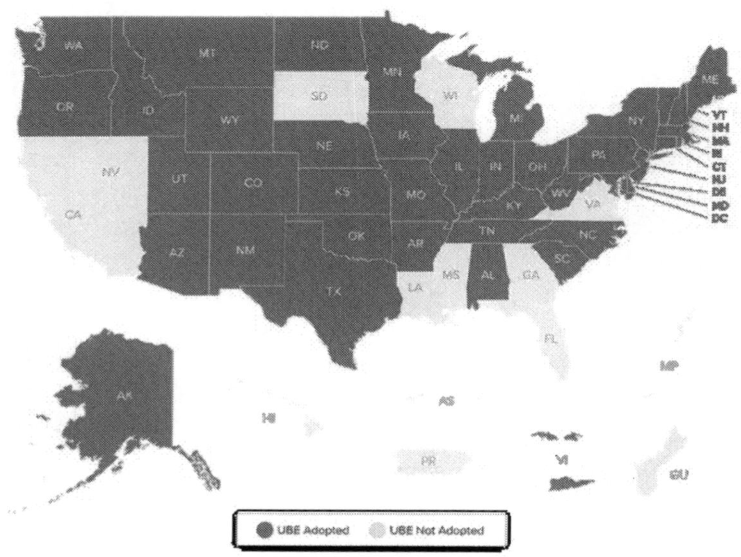

Componentes del UBE

El UBE es una evaluación exhaustiva que consta de tres componentes principales diseñados para medir de manera integral las habilidades y conocimientos necesarios para la práctica legal. Cada uno de estos componentes, el **Multistate Essay Examination** (MEE), el **Multistate Performance Test** (MPT) y el **Multistate Bar Examination** (MBE),

[20] Mapa realizado por Legal Uword disponible en https://legal.uworld.com/bar-exam/states/

contribuye a una evaluación completa y uniforme de la competencia de los aspirantes a abogados. A continuación, se desglosan cada uno de estos componentes, explicando su estructura, propósito y cómo se administran dentro del contexto del UBE.

Multistate Performance Test (MPT)

El **MPT** se compone de dos ejercicios de 90 minutos cada uno, desarrollados por la NCBE. Estos ejercicios se administran en las jurisdicciones que participan en el examen de barra el martes anterior al último miércoles de febrero y julio de cada año. Las jurisdicciones pueden optar por incluir uno o ambos ejercicios del MPT en sus exámenes. Aquellas que administran el Uniform Bar Examination (UBE) utilizan ambos ejercicios del MPT[21].

El MPT es solo una de las varias herramientas que un comité de examinadores de la barra puede emplear para evaluar la competencia de los aspirantes a la práctica legal. Cada jurisdicción califica el MPT y establece su propia política respecto al peso que se le otorga en comparación con otros componentes del examen. Las jurisdicciones que administran el UBE asignan al MPT un peso del 20%.

El MPT tiene como objetivo evaluar la capacidad del examinado para utilizar habilidades fundamentales de abogacía en situaciones realistas y completar tareas que un abogado principiante debería ser capaz de realizar. No es una prueba de conocimientos específicos de derecho, sino una evaluación de habilidades esenciales que se espera que los abogados demuestren independientemente del área de práctica.

El MPT consta de dos tareas de 90 minutos. Los materiales para cada tarea incluyen un Archivo y una Biblioteca. El Archivo contiene documentos fuente con todos los hechos del caso y una descripción de la tarea específica que debe completar el examinado, proporcionada en un memorando de un abogado supervisor. El Archivo puede incluir transcripciones de entrevistas, declaraciones, audiencias o juicios, alegatos, correspondencia, documentos del cliente, contratos, artículos de periódicos, registros médicos, informes policiales o notas del abogado. Los hechos relevantes e irrelevantes se incluyen, y estos pueden ser ambiguos, incompletos o contradictorios. Al igual que en la práctica real, la versión de los hechos de un cliente o un abogado supervisor puede ser incompleta o poco confiable. Se espera que los examinados identifiquen cuando los hechos son inconsistentes o están ausentes y

[21] Adaptado de la sección sobre el MPT del National Conference of Bar Examiners disponible en https://www.ncbex.org/exams/mpt/about-mpt

determinen fuentes adicionales de información[22].

La Biblioteca puede contener casos, estatutos, regulaciones o reglas, algunas de las cuales pueden no ser relevantes para la tarea asignada. Se espera que los examinados extraigan de la Biblioteca los principios legales necesarios para analizar el problema y realizar la tarea. El MPT no es una prueba de derecho sustantivo; los materiales de la Biblioteca proporcionan suficiente información sustantiva para completar la tarea.

El MPT evalúa varias habilidades esenciales de abogacía, incluyendo: (1) clasificar materiales fácticos detallados y separar los hechos relevantes de los irrelevantes; (2) analizar materiales legales, como estatutos y casos, para extraer principios legales aplicables; (3) aplicar el derecho relevante a los hechos relevantes para resolver el problema de un cliente; (4) identificar y resolver dilemas éticos cuando estén presentes; (5) comunicarse eficazmente por escrito; y (6) completar una tarea de abogacía dentro de un tiempo limitado.

Estas habilidades se ponen a prueba requiriendo que los examinados realicen una o más tareas legales. Por ejemplo, los examinados podrían recibir instrucciones para completar tareas como: un memorando para un abogado supervisor, una carta a un cliente, un memorando o escrito persuasivo, una declaración de hechos, una cláusula contractual, un testamento, un plan de asesoramiento, una propuesta de acuerdo, un plan de descubrimiento, un plan de examen de testigos o un argumento final.

El MPT examina otras habilidades fundamentales de abogacía necesarias para la realización de muchas tareas legales[23]. Estas habilidades incluyen:

1. Resolución de problemas. El examinado debe demostrar la capacidad de desarrollar y evaluar estrategias para resolver un problema o alcanzar un objetivo, incluyendo la identificación y diagnóstico del problema, generación de soluciones alternativas, desarrollo e implementación de un plan de acción, y mantener el proceso de planificación abierto a nueva información e ideas.

2. Análisis y razonamiento legal. El examinado debe demostrar la capacidad de analizar y aplicar reglas y principios legales, incluyendo la identificación y formulación de cuestiones legales, identificación de reglas legales relevantes, formulación, elaboración y evaluación de teorías legales, y síntesis de argumentos legales.

3. Análisis fáctico. El examinado debe demostrar la capacidad de analizar y utilizar hechos, planificar y dirigir la investigación fáctica, incluyendo la identificación de hechos relevantes, determinación de la necesidad de

[22] Adoptado de la sección de preparación para el MPT del National Conference of Bar Examiners disponible en https://www.ncbex.org/exams/mpt/preparing-mpt

[23] Adaptado de «MPT skills tested» del National Conference of Bar Examiners, disponible en https://www.ncbex.org/sites/default/files/2023-01/MPT_Skills_Tested_2023.pdf

investigación fáctica, planificación de la investigación, organización de la información, y evaluación de la información recopilada.

4. Comunicación. El examinado debe demostrar la capacidad de comunicarse eficazmente por escrito, evaluando la perspectiva del destinatario de la comunicación y organizando y expresando ideas con precisión, claridad, lógica y economía.

5. Organización y gestión de una tarea legal. El examinado debe demostrar la capacidad de organizar y gestionar una tarea legal, asignando tiempo, esfuerzo y recursos de manera eficiente y completando las tareas dentro de las limitaciones de tiempo.

6. Reconocimiento y resolución de dilemas éticos. El examinado debe demostrar la capacidad de representar a un cliente de manera coherente con los estándares éticos aplicables, incluyendo el conocimiento de la naturaleza y fuentes de los estándares éticos, los medios por los cuales se aplican estos estándares y la capacidad de reconocer y resolver dilemas éticos.

La evaluación de estas habilidades asegura que los aspirantes a abogados no solo tengan conocimiento teórico del derecho, sino que también sean capaces de aplicar este conocimiento de manera práctica en situaciones reales.

Prepararse para el Multistate Performance Test (MPT) requiere un enfoque estratégico, dado que esta sección del examen no evalúa el conocimiento del derecho sustantivo, sino las habilidades prácticas que los abogados utilizan en su trabajo diario. A continuación, se presentan técnicas y estrategias efectivas para prepararse para el MPT:

1. Familiarízate con el formato del MPT. Antes de comenzar a estudiar, asegúrate de comprender completamente el formato del MPT. Revisa los ejemplos de exámenes anteriores y los modelos de respuesta proporcionados por la NCBE. Familiarizarte con la estructura del Archivo y la Biblioteca, así como con el tipo de documentos que podrías encontrar, te ayudará a sentirte más cómodo el día del examen.

2. Desarrolla habilidades de gestión del tiempo. El MPT requiere que completes cada tarea en 90 minutos. Practica administrar tu tiempo de manera efectiva dividiendo el tiempo de manera adecuada entre leer los materiales, planificar tu respuesta y escribir. Una buena regla general es dedicar aproximadamente 45 minutos a leer y planificar, y los otros 45 minutos a escribir. Realiza simulaciones cronometradas para mejorar tu capacidad de completar las tareas dentro del límite de tiempo.

3. Practica la lectura y análisis de documentos. El MPT incluye una variedad de documentos en el Archivo y la Biblioteca. Practica leyendo y analizando estos documentos para identificar hechos relevantes, extraer principios legales aplicables y planificar tu respuesta. Concédele especial atención a separar los hechos relevantes de los irrelevantes y a identificar cualquier inconsistencia o ambigüedad en la información proporcionada.

4. Mejora tus habilidades de redacción. El MPT evalúa tu capacidad para comunicarte eficazmente por escrito. Practica redactar diferentes tipos de documentos legales que podrías encontrar en el MPT, como memorandos, cartas a clientes, escritos persuasivos, declaraciones de hechos y planes de asesoramiento. Enfócate en organizar y expresar tus ideas de manera clara, precisa y lógica. Recibe retroalimentación sobre tus escritos y trabaja en mejorar tus puntos débiles.

5. Usa recursos de preparación. Aprovecha los recursos de preparación disponibles, como los cursos de preparación para el bar que ofrecen sesiones específicas para el MPT. La mayoría de los programas de preparación para el examen de barra ofrecen cursos gratuitos de preparación para el MPT, los cuales proporcionan ejercicios de práctica, estrategias de estudio y guías de redacción. Utilizar estos recursos puede darte una ventaja significativa en tu preparación.

6. Simula el día del examen. Realiza simulaciones completas del MPT en condiciones de examen. Simula el entorno del examen lo más fielmente posible, incluyendo las limitaciones de tiempo y el tipo de materiales proporcionados. Esta práctica te ayudará a acostumbrarte al ritmo del examen y a reducir la ansiedad el día real del examen.

7. Revisa y aprende de errores pasados. Después de cada ejercicio de práctica, revisa tus respuestas en comparación con los modelos de respuesta. Identifica tus errores y áreas de mejora. Aprender de tus errores pasados te permitirá ajustar tu enfoque y mejorar continuamente.

Implementar estas técnicas de preparación te ayudará a desarrollar las habilidades necesarias para desempeñarte bien en el MPT y aumentar tus posibilidades de éxito en el examen de barra.

Multistate Essay Examination (MEE)

El **MEE** es una herramienta clave utilizada por las juntas de examinadores de barra en diversas jurisdicciones para evaluar la competencia de los aspirantes a la práctica del derecho. Este examen, desarrollado por la NCBE, forma parte del Uniform Bar Examination (UBE), que se administra de manera uniforme en las jurisdicciones participantes el martes anterior al último miércoles de febrero y julio de cada año[24].

El propósito principal del MEE es evaluar la capacidad de los examinados

[24] Adaptado de la sección del MEE del National Conference of Bar Examiners. Disponible en https://www.ncbex.org/exams/mee/about-mee

para identificar y analizar cuestiones legales a partir de situaciones hipotéticas. Los ensayos del MEE no solo miden el conocimiento del derecho sustantivo, sino también la habilidad para separar la información relevante de la irrelevante, y para presentar un análisis razonado de manera clara, concisa y bien organizada. Este examen es crucial para demostrar la capacidad de comunicación escrita, una competencia esencial para cualquier abogado en ejercicio.

El MEE consta de seis preguntas de ensayo, cada una de las cuales debe ser respondida en un lapso de 30 minutos. Las áreas de derecho que pueden ser cubiertas en el MEE son diversas e incluyen[25]:

- **Asociaciones empresariales:** incluye temas de agencia, sociedad, corporaciones y compañías de responsabilidad limitada.
- **Procedimiento civil:** aborda aspectos relacionados con el proceso judicial.
- **Conflicto de leyes:** trata sobre la aplicación de leyes de diferentes jurisdicciones en casos legales.
- **Derecho constitucional:** examina cuestiones de interpretación constitucional y derechos fundamentales.
- **Contratos:** incluye el derecho común de contratos y el Artículo 2 del Código Comercial Uniforme (UCC) sobre ventas.
- **Derecho penal y procedimiento penal:** cubre los principios del derecho penal y el proceso judicial penal.
- **Evidencia:** se centra en las reglas de admisibilidad de pruebas en procedimientos judiciales.
- **Derecho de familia:** incluye temas como matrimonio, divorcio, custodia y manutención de los hijos.
- **Propiedad:** examina aspectos de derechos sobre bienes raíces y propiedad personal.
- **Daños:** trata sobre responsabilidad civil y daños.
- **Fideicomisos y sucesiones:** incluye sucesiones, testamentos y fideicomisos.
- **Artículo 9 del UCC:** se refiere a transacciones aseguradas.

El MEE es uno de los tres componentes del UBE, junto con el MBE y el MPT. En las jurisdicciones que administran el UBE, el MEE representa el 30% de la puntuación total del examen. Esta ponderación significativa destaca la importancia de las habilidades de escritura y análisis en la práctica legal. A través del MEE, los examinadores pueden evaluar no solo el conocimiento de los

[25] Los temas cubiertos estan disponibles en https://www.ncbex.org/exams/mee/preparing-mee

examinados en diversas áreas del derecho, sino también su capacidad para aplicar este conocimiento de manera práctica y efectiva.

Para prepararse eficazmente para el MEE, es esencial desarrollar una serie de estrategias:

1. Comprensión profunda del derecho sustantivo. Asegúrate de tener un conocimiento sólido de las áreas de derecho que pueden ser examinadas. Esto incluye no solo las reglas legales, sino también la capacidad para aplicarlas a situaciones hipotéticas.

2. Práctica de redacción de ensayos. La práctica regular de escribir ensayos bajo condiciones de tiempo puede mejorar significativamente tus habilidades de organización y análisis. Utiliza preguntas de exámenes anteriores para familiarizarte con el formato y las expectativas.

3. Análisis de preguntas pasadas. Revisa y analiza preguntas de exámenes anteriores para identificar patrones comunes y áreas recurrentes. Esto te ayudará a enfocarte en los temas más relevantes y a entender cómo se estructuran las preguntas.

4. Feedback y revisión. Obtén retroalimentación sobre tus ensayos de mentores, profesores o compañeros. La revisión crítica de tus respuestas puede ayudarte a identificar debilidades y áreas para mejorar.

5. Gestión del tiempo. Practica responder preguntas en el tiempo asignado para asegurarte de que puedes completar cada ensayo dentro de los 30 minutos disponibles.

El MEE es una evaluación integral que mide tanto el conocimiento jurídico como las habilidades prácticas de los futuros abogados. A través de una preparación diligente y estratégica, los examinados pueden desarrollar las competencias necesarias para superar este componente crucial del UBE y avanzar en su camino hacia la práctica legal profesional.

Multistate Bar Examination (MBE)

El **MBE** es una parte fundamental del UBE y uno de los componentes más reconocidos de los exámenes de admisión a la barra en Estados Unidos. Administrado por la NCBE, el MBE evalúa los conocimientos y habilidades esenciales que un abogado en ejercicio debe poseer.

El propósito del MBE es proporcionar una medida estandarizada de las habilidades básicas y conocimientos legales que son fundamentales para la práctica de la abogacía. Este examen de opción múltiple está diseñado para evaluar la capacidad de los candidatos para aplicar principios legales en situaciones hipotéticas. A diferencia de los ensayos del MEE, el MBE no mide la capacidad de comunicación escrita, sino que se enfoca en el análisis y la aplicación del derecho sustantivo. Evalúa hasta qué punto un examinado puede aplicar principios legales fundamentales y razonamiento jurídico para analizar situaciones fácticas dadas.

El MBE consiste en 200 preguntas de opción múltiple que se deben completar en un solo día, específicamente el último miércoles de febrero y julio[26]. El examen se divide en dos sesiones de tres horas cada una, con 100 preguntas por sesión. Las preguntas del MBE se dividen en siete áreas principales del derecho, cada una con 25 preguntas calificadas[27]:

1. Derecho constitucional: examina los principios y estructuras del gobierno, así como los derechos y libertades individuales.

2. Contratos: incluye temas del derecho común de contratos y el Artículo 2 del Código Comercial Uniforme (UCC) sobre ventas.

3. Derecho penal y procedimiento penal: cubre las leyes penales sustantivas y el proceso judicial penal.

4. Evidencia: se enfoca en las reglas que gobiernan la admisibilidad de pruebas en procedimientos judiciales.

5. Responsabilidad civil (Torts): trata sobre la compensación de daños y la responsabilidad civil.

6. Propiedad: examina los derechos sobre bienes raíces y propiedad personal.

7. Procedimiento civil: incluye aspectos del proceso judicial y litigación.

Además de estas 175 preguntas calificadas, el MBE incluye 25 preguntas de preprueba que no son calificadas, pero están mezcladas indistintamente con las demás. Por lo tanto, los examinados deben intentar todas las preguntas.

En el contexto del UBE, el MBE representa el 50% de la puntuación total del examen. Esta ponderación significativa subraya la importancia de tener un conocimiento sólido y la capacidad de aplicar principios legales en una amplia gama de áreas del derecho. La puntuación del MBE es portable, lo que permite a los candidatos transferir sus resultados a cualquier jurisdicción que acepte el UBE, proporcionando flexibilidad y movilidad profesional.

Para prepararse eficazmente para el MBE, es crucial adoptar una serie de estrategias:

1. Estudio estructurado. Organiza un plan de estudio que cubra todas las áreas del derecho examinadas. Utiliza materiales de estudio confiables y sigue un horario disciplinado.

2. Práctica regular. Resuelve preguntas de práctica regularmente para

---

[26] Adaptado de la explicación general brindada por el National Conference of Bar Examiners en https://www.ncbex.org/exams/mbe/about-mbe

[27] Los temas se encuentran disponibles en https://www.ncbex.org/exams/mbe/preparing-mbe

familiarizarte con el formato del examen y mejorar tu capacidad para responder bajo presión de tiempo. Utiliza bancos de preguntas y simulacros de exámenes completos.

3. Revisión de conceptos clave. Asegúrate de entender y poder aplicar los conceptos legales fundamentales en cada área del derecho. La repetición y revisión constante son clave para consolidar el conocimiento.

4. Análisis de preguntas incorrectas. Analiza tus respuestas incorrectas para identificar patrones de errores y áreas que necesitan más atención. Esto te ayudará a corregir fallas y mejorar tu rendimiento.

5. Técnicas de gestión del tiempo. Practica completar preguntas en el tiempo asignado para mejorar tu velocidad y precisión. Aprender a manejar el tiempo eficazmente durante el examen es crucial para asegurar que puedas responder todas las preguntas.

6. Utilización de cursos de preparación. Considera inscribirte en cursos de preparación para el MBE que ofrezcan simulacros de exámenes, materiales de estudio y sesiones de revisión. Muchos de estos cursos también incluyen estrategias específicas para abordar preguntas de opción múltiple.

El MBE evalúa una variedad de habilidades esenciales para la práctica legal, incluyendo:

1. Comprensión y aplicación del derecho: la capacidad de interpretar y aplicar principios legales a situaciones fácticas específicas.

2. Análisis y razonamiento jurídico: la habilidad para analizar hechos y formular argumentos legales sólidos.

3. Reconocimiento de dilemas jurídicos: la competencia para identificar problemas legales relevantes dentro de un contexto fáctico.

4. Toma de decisiones bajo presión: la capacidad para tomar decisiones rápidas y precisas en un entorno de examen cronometrado.

Durante el MBE, los examinados tienen tres horas en cada sesión para responder todas las preguntas. No hay descansos programados durante las sesiones de la mañana y la tarde. Es esencial que los examinados marquen todas sus respuestas en la hoja de respuestas dentro del límite de tiempo asignado. No se permite hacer marcas ni correcciones una vez que se anuncia el final del tiempo. Las puntuaciones se basan en el número de respuestas correctas, sin penalización por respuestas incorrectas.

El MBE es una herramienta de evaluación rigurosa y desafiante que requiere una preparación intensiva y enfocada. A través de un estudio meticuloso y la práctica constante, los candidatos pueden desarrollar las competencias necesarias para superar este componente crítico del UBE y avanzar en su camino hacia la admisión a la barra y la práctica legal profesional.

Next Gen Bar Exam

El **NextGen Bar Exam**, una innovación significativa en la evaluación de la competencia legal, se lanzará en un número limitado de jurisdicciones en Estados Unidos en julio de 2026. Este examen está diseñado para evaluar una variedad de habilidades esenciales para los abogados, utilizando un conjunto enfocado de conceptos y principios legales fundamentales necesarios en la práctica del derecho actual.

El NextGen Bar Exam se centrará en conceptos y principios legales fundamentales que son esenciales para la práctica del derecho. A partir de julio de 2026, el examen evaluará continuamente el derecho de familia y fideicomisos y sucesiones a través de tareas de desempeño y conjuntos de preguntas integradas, proporcionando recursos legales para estos conceptos. A partir de julio de 2028, estos temas se integrarán en el examen de la misma manera que otros conceptos legales esenciales, como asociaciones empresariales, procedimiento civil, derecho constitucional, derecho contractual, derecho penal, pruebas, propiedad inmueble y responsabilidad civil[28].

El NextGen Bar Exam no solo se enfoca en el conocimiento de los principios legales, sino también en una amplia gama de habilidades prácticas que son fundamentales para la práctica legal efectiva. Estas habilidades incluyen:

- **Investigación legal:** capacidad para encontrar y utilizar fuentes legales pertinentes.
- **Redacción legal:** competencia para redactar documentos legales claros y efectivos.
- **Identificación y análisis de problemas:** habilidad para identificar cuestiones legales y analizarlas adecuadamente.
- **Investigación y evaluación:** evaluación crítica de información y pruebas.
- **Asesoramiento y consejería al cliente:** proporcionar consejos claros y útiles a los clientes.
- **Negociación y resolución de disputas:** manejo eficaz de negociaciones y resoluciones de conflictos.
- **Relación y gestión del cliente:** mantener relaciones efectivas con los clientes y gestionar sus expectativas y necesidades.

El NextGen Bar Exam será administrado y calificado por las jurisdicciones

[28] Toda la información ha sido adaptada de las informaciones oficiales del National Conference of Bar Examiners, disponible en https://www.ncbex.org/exams/nextgen/about-nextgen

individuales de Estados Unidos, con la NCBE proporcionando la plataforma tecnológica para la calificación. El examen se realizará en computadoras portátiles de los examinados en ubicaciones de prueba supervisadas. Una plataforma de evaluación en línea segura se utilizará para presentar el examen y recoger las respuestas. Esta plataforma ofrecerá tecnologías de asistencia y formatos personalizados para aquellos que requieran adaptaciones.

El examen NextGen reemplazará al actual Examen de Barra Uniforme (UBE) como base para la portabilidad de puntuaciones entre jurisdicciones participantes. Durante el período de transición, las jurisdicciones del UBE aceptarán tanto las puntuaciones del UBE actual como las del NextGen para fines de portabilidad, permaneciendo válidas las puntuaciones del UBE actual hasta el límite de tiempo establecido por cada jurisdicción.

El NextGen Bar Exam utilizará una variedad de tipos de preguntas para evaluar a los examinados:

- Preguntas de opción múltiple. Constituyen aproximadamente el 40% del tiempo del examen, con entre cuatro y seis opciones de respuesta y una o más respuestas correctas. Inicialmente, se parecerán a las preguntas del Multistate Bar Examination (MBE).

- Conjuntos de preguntas integradas. Ocupan cerca de una cuarta parte del tiempo del examen. Basadas en un escenario común de hechos, pueden incluir recursos legales y documentos suplementarios, y mezclan preguntas de opción múltiple con preguntas cortas de respuesta.

- Tareas de desempeño. Constituyen aproximadamente un tercio del tiempo del examen. Requieren que los examinados demuestren habilidades fundamentales en situaciones realistas, completando tareas típicas de un abogado principiante.

El examen NextGen se implementará en fases a lo largo de varios años, comenzando en julio de 2026. Las primeras jurisdicciones en adoptar el examen serán[29]:

- Julio 2026: Connecticut, Guam, Maryland, Missouri, Oregón, Washington.

- Julio 2027: Arizona, Iowa, Kentucky, Minnesota, Nebraska, Nuevo México, Oklahoma, Tennessee, Vermont, Wyoming.

- Julio 2028: Colorado, Kansas, Utah.

El NextGen Bar Exam representa un avance significativo en la evaluación de la competencia legal, adaptándose a las necesidades cambiantes de la práctica del derecho y asegurando que los nuevos abogados estén bien

[29] Estas fechas aún son tentativas, por lo que es necesario seguir revisando las fuentes oficiales para conocer las fechas en las que nuevas jurisdicciones lo adoptarán.

preparados para enfrentar los desafíos de su profesión.

Otros Exámenes Estatales

Además del Uniform Bar Examination (UBE) y el NextGen Bar Exam, varios estados en Estados Unidos administran sus propios exámenes estatales específicos para la admisión a la barra. Estos exámenes reflejan las particularidades legales y normativas de cada jurisdicción y pueden variar significativamente en formato, contenido y requisitos.

Cada estado que no ha adoptado el UBE establece sus propios requisitos de examen, que pueden incluir una combinación de preguntas de opción múltiple, ensayos y tareas de desempeño. Además de estos componentes generales, muchos estados tienen secciones específicas que cubren áreas del derecho particulares a la jurisdicción. Por ejemplo, algunos estados pueden requerir un conocimiento detallado del derecho estatal, leyes locales o regulaciones específicas que no se cubren en el UBE.

Estados como California, Florida y Louisiana, entre otros, administran sus propios exámenes de barra que incluyen secciones específicas adaptadas a sus necesidades legales. Estos exámenes pueden ser conocidos por su rigor y la necesidad de una preparación específica para las particularidades legales del estado.

Para aquellos que buscan obtener la licencia para practicar la abogacía en un estado que no participa en el UBE, es crucial investigar y comprender los requisitos específicos de esa jurisdicción. Los aspirantes deben confirmar los detalles del examen, incluidos los componentes que se evaluarán, los recursos de estudio recomendados y cualquier curso o examen adicional necesario para cumplir con los estándares de admisión del estado.

En resumen, la diversidad de los exámenes estatales en Estados Unidos subraya la importancia de una preparación detallada y específica según la jurisdicción. Comprender y cumplir con estos requisitos es esencial para una carrera exitosa en la abogacía dentro de cualquier estado en particular.

10

TESTIMONIOS DE ESTUDIANTES LL.M.

A lo largo de este libro, hemos explorado información fundamental para abogados internacionales que buscan estudiar y ejercer en Estados Unidos. Desde los pasos necesarios para prepararse académicamente y obtener una visa hasta las estrategias para integrarse en el mercado legal estadounidense, hemos proporcionado una guía detallada y práctica. Sin embargo, más allá de los datos y consejos, existe un aspecto invaluable que solo pueden ofrecer los propios estudiantes LL.M.: sus experiencias personales.

En este capítulo, nos adentramos en los testimonios de aquellos que han recorrido este camino antes. Cada testimonio no solo ofrece una visión única de los desafíos y triunfos individuales, sino que también revela las emociones, los obstáculos superados y las lecciones aprendidas durante su trayectoria en un programa LL.M. en Estados Unidos. Desde la adaptación inicial a un nuevo entorno cultural y académico hasta la satisfacción de obtener logros académicos y profesionales significativos, estos relatos capturan la esencia de lo que significa ser un estudiante internacional de derecho en este país.

Explorar estos testimonios no solo proporciona inspiración, sino que también ofrece una comprensión más profunda de las diversas trayectorias que pueden tomar los estudiantes LL.M. Cada historia refleja la diversidad de caminos profesionales y personales que los abogados internacionales pueden seguir en Estados Unidos, destacando la importancia del esfuerzo, la resiliencia y la determinación en la consecución de metas educativas y profesionales en un entorno legal globalizado y competitivo.

La metodología para este capítulo de testimonios de estudiantes LL.M. se basa en una serie de preguntas diseñadas para capturar diversas perspectivas y experiencias individuales. Cada pregunta busca profundizar en aspectos clave de la experiencia de los estudiantes en el programa LL.M. en Estados Unidos. A continuación, se detalla cómo cada pregunta aborda diferentes ejes:

1. **Motivación y selección universitaria.** Esta pregunta explora las motivaciones iniciales del estudiante para cursar un LL.M. en Estados Unidos y por qué eligió esa universidad en particular. Proporciona contexto sobre sus metas y expectativas iniciales.

2. **Adaptación y desafíos académicos.** Dirigida a explorar tanto la adaptación cultural como los desafíos académicos del programa, esta pregunta permite a los estudiantes compartir sus experiencias y las estrategias utilizadas para superar dificultades.

3. **Recursos y apoyo universitario.** Busca identificar los recursos y el apoyo dentro de la universidad que fueron más útiles para los estudiantes internacionales, como bibliotecas, oficinas de desarrollo profesional y clubes estudiantiles.

4. **Desarrollo profesional y consejos de empleo.** Se enfoca en el impacto del programa LL.M. en el desarrollo profesional del estudiante y ofrece consejos prácticos para la búsqueda de empleo en Estados Unidos.

5. **Valoración de la experiencia y reflexión.** Invita a los estudiantes a reflexionar sobre las partes más valiosas de su experiencia LL.M. y a compartir qué cambiarían si tuvieran la oportunidad de repetirla, proporcionando así lecciones aprendidas para futuros estudiantes.

6. **Preparación para el examen del barra y apoyo escolar.** Esta pregunta se centra en cómo el programa LL.M. preparó al estudiante para el examen del bar y qué tipo de apoyo recibieron de la universidad durante el proceso de preparación, destacando la importancia de este aspecto crítico de la educación legal.

Cada respuesta proporciona una perspectiva única que enriquece la comprensión general de la experiencia LL.M. en Estados Unidos, ofreciendo valiosos consejos y reflexiones que pueden orientar a otros estudiantes en un camino similar.

Yuntian Xia (22 años, China): LL.M. en Seguridad Nacional y Derecho Tecnológico, Georgetown Law

Decidí cursar un LL.M. en Estados Unidos porque en mi país es casi imposible encontrar un buen trabajo sin un título de maestría. Las mejores universidades de derecho en China exigen una puntuación altísima en un examen unificado, lo que solo logran los mejores estudiantes. En cambio, para ingresar a las escuelas de derecho estadounidenses, solo se necesita el TOEFL y un GPA alto, además del costo de la matrícula, lo cual es mucho más accesible. Además, las facultades de derecho en Estados Unidos te permiten tomar el examen del NY Bar, un título muy valorado en China. Estas fueron mis razones más realistas, pero también quería experimentar la vida en Estados Unidos y entender cómo funciona este gran imperio.

Elegí Georgetown University porque es la mejor escuela de DC, y quería estar cerca del corazón de Estados Unidos. Vivir en DC por un año fue una experiencia increíble.

Adaptarme a la vida en Estados Unidos fue relativamente fácil. La mayoría de los estudiantes chinos aprendemos a cocinar rápidamente y comemos en casa. Los desafíos académicos, sin embargo, fueron muchos. Es muy difícil aprender derecho en un segundo idioma. En algunas clases de JD, la mayoría de nosotros necesitábamos usar un traductor, y era complicado expresar nuestras opiniones, incluso ante preguntas sencillas. No fue hasta el segundo semestre que comencé a adaptarme gradualmente. Dentro de la universidad, conocí a un profesor que me brindó mucha ayuda y orientación personal, respondiendo muchas de mis preguntas.

El programa LL.M. me proporcionó una sólida comprensión del sistema legal de Estados Unidos y de la sociedad americana en general. Me siento confiado al tratar asuntos relacionados con Estados Unidos, no solo en cuestiones legales sino también en finanzas o asuntos migratorios. Buscar empleo en Estados Unidos es una tarea difícil para los estudiantes chinos debido a las relaciones internacionales. Por eso, recomiendo centrarse en áreas específicas como el comercio y la industria migratoria, que pueden ser más prácticas.

Lo que más valoro de mi experiencia en el LL.M. es la oportunidad de hacer amigos de todo el mundo. Como organizador de estudiantes chinos, dediqué mucho tiempo a comunicarme con mis compatriotas. Si tuviera que hacerlo de nuevo, elegiría una red social más amplia. Por último, planeo tomar el examen del NY Bar el próximo semestre, y la preparación que he recibido hasta ahora ha sido muy útil.

Jessica Silva (29 años, Brasil): LL.M. en Derecho Internacional y Comparado, Cardozo School of Law

Siempre había querido mudarme a Estados Unidos. En la facultad de derecho en Brasil, enfoqué mis estudios en derecho internacional, específicamente en tratados de derechos humanos. Planeaba estudiar algo relacionado con la inmigración y los derechos humanos. Como llegué tarde para las aplicaciones de otoño, solo apliqué a Cardozo. Recibí una beca de $25,000 (el valor total de mi programa LL.M. es alrededor de $71,000). Si hubiera tenido más tiempo, habría aplicado a más escuelas, pero me sentí feliz con la beca que recibí.

Adaptarme a la vida en Estados Unidos fue más sencillo de lo que esperaba, ya que he estado visitando Nueva York desde que tenía 15 años y conocía cómo vivía la gente aquí antes de llegar. Al principio, en la escuela, solía tener dolores de cabeza después de las clases debido a la exposición intensiva al inglés, pero me acostumbré. La Introducción al Derecho de los Estados Unidos fue aterradora, ya que empecé a aprender sobre casos de derecho consuetudinario y cómo se diferencian del derecho civil. Sin embargo, después de un mes, estaba entendiendo todo bastante bien.

Aún pienso que los cold calls son lo peor. En clases con más estudiantes de JD y un mayor número de compañeros, pedía no participar en los cold calls porque no quería hablar frente a la clase. Sin embargo, había algunas clases pequeñas en las que me gustaba participar, lo cual afectó la forma en que los profesores me calificaban.

El programa LL.M. en Cardozo está bien desarrollado. Como reciben alrededor de 50 estudiantes por semestre, invierten mucho en el programa LL.M. Al inicio del curso, tuvimos muchas reuniones con el personal que nos explicaba el curso, la biblioteca, las cuentas en línea (LexisNexis, etc.), cómo usar todas las herramientas en línea que ofrece la escuela y cómo y con quién podíamos resolver diversos tipos de problemas. Hay un decano específicamente para los estudiantes de LL.M. con personas capacitadas para ayudarnos a elegir cursos. Si tenemos un problema con un profesor, podemos contactar a estas personas para obtener ayuda. No conozco a ningún estudiante de LL.M. que no haya aprobado alguna materia. Pueden recibir malas calificaciones cuando no piden ayuda, pero nunca fallan. La biblioteca es enorme y podemos estudiar allí todo el día si queremos. Hay clubes y los estudiantes de LL.M. son bienvenidos a unirse, pero el tiempo que pasamos allí es demasiado corto para obtener mucha exposición. Tengo algunos amigos que se unieron a la Asociación de Estudiantes de Derecho de América Latina. Yo me uní al club de inmigración, pero solo tenía uno o dos eventos por semestre.

Hay una oficina de desarrollo profesional en Cardozo. Sin embargo, no ayudan a los estudiantes de LL.M. tanto como a los de JD. Realmente nos ayudan a escribir nuestros currículums y perfiles de LinkedIn, pero realizan ferias de empleo en la escuela para los estudiantes de JD y no permiten que los estudiantes de LL.M. participen. Incluso dijeron que las oficinas de abogados no están interesadas en estudiantes de LL.M. para puestos en Estados Unidos y que no podían ayudarnos. Esto fue irrespetuoso porque venden el sueño de estudiar y trabajar en Estados Unidos, y luego, cuando estamos terminando el curso, simplemente dicen que nuestro historial no es bienvenido por los bufetes de abogados en Estados Unidos.

No puedo responder aún cómo el programa LL.M. ha ayudado en mi desarrollo profesional porque todavía estoy en la búsqueda. Lo que puedo decir es que tengo un estatus de estudiante de inmigración que me permitirá trabajar solo un año (OPT). Cuando aplico para trabajos, generalmente hay una pregunta sobre la capacidad de trabajar aquí en Estados Unidos de manera permanente, y mi respuesta es no. Es un desafío recibir incluso una invitación para una entrevista.

Valoro mucho la mejora en mis habilidades de escritura legal y la comprensión integral que obtuve del sistema legal de Estados Unidos durante mi programa LL.M. Además, la oportunidad de hacer contactos y construir amistades duraderas fue increíblemente gratificante. Si pudiera hacerlo de nuevo, realizaría una investigación de mercado exhaustiva para entender mejor las demandas del mercado laboral legal. Esto me permitiría seleccionar cursos que se alineen más estrechamente con las habilidades y conocimientos que buscan los empleadores, mejorando así mis perspectivas de empleo.

Planeo tomar el examen del bar en febrero de 2025. En la primera semana de clases, el decano dijo que deberíamos enfocarnos en comprar un curso pago específico para el examen del bar, ya que incluso los estudiantes de JD generalmente pagan por él. La razón es que los cursos específicos pagos (como Barbri, Themis) están mejor equipados para prepararnos para el examen. El apoyo que recibimos de la escuela fue en cuanto a los requisitos para la aplicación. Liberaron un documento con instrucciones detalladas, lo cual realmente ayudó. Nos enseñó qué materias necesitábamos tener en nuestro currículo, dónde debíamos aplicar y todo lo demás. Sin embargo, la escuela no proporcionó ningún curso que enseñara las materias para el bar.

Aylin Castillo (25 años, Ecuador): LL.M. en Estudios Legales de Estados Unidos, St. John's University School of Law

Mi principal motivación para cursar un LL.M. en Estados Unidos ha sido expandir mis conocimientos en el campo legal estadounidense para poder ayudar a partes de la comunidad que no tienen acceso a representación legal. Elegí la Universidad St. John's debido a su riguroso plan de estudios académico, el apoyo personalizado para preparar el examen del colegio de abogados y, sobre todo, el ambiente de apoyo proporcionado por profesores, personal académico y compañeros.

Adaptarme a la vida en Estados Unidos y enfrentar los desafíos académicos del programa ha sido todo un proceso. Como abogada formada en un país de derecho civil, enfrentar una cultura, un sistema educativo y un idioma completamente diferentes ha sido un desafío significativo, a veces pasando desapercibidas estas particularidades. La presión académica del programa me ha obligado a esforzarme aún más y a adoptar nuevos hábitos, dejando de lado perspectivas legales previas para adaptarme adecuadamente. Sin embargo, es enormemente gratificante superar constantemente estos desafíos porque estamos siempre aprendiendo; nunca se llega a dominar por completo todo.

Dentro del programa de LL.M., el apoyo más valioso para mí ha sido el de la oficina de desarrollo profesional, con quienes trabajé para perfeccionar mi currículum y convertirme en embajadora estudiantil del programa LL.M. en mi escuela para la Asociación de Abogados de la Ciudad de Nueva York.

El programa de LL.M. ha sido fundamental para mi desarrollo profesional al proporcionarme una comprensión profunda de cómo hacer networking de manera efectiva, desarrollar materiales para solicitudes de empleo, preparar diversos tipos de documentos legales, entre otros aspectos clave. Mi consejo para futuros estudiantes que buscan empleo en Estados Unidos es que participen activamente en clubes que se alineen con sus metas profesionales, asistan a eventos de networking y aseguren tener un currículum sólido, porque la competencia es alta, pero no imposible de superar.

Lo que más valoro de mi experiencia en el LL.M. es el apoyo recibido tanto de profesores como de miembros del personal académico; siempre brindan comentarios increíbles y motivación para seguir adelante, incluso en los momentos más difíciles. Si pudiera repetir el programa, me enfocaría más en participar activamente en clubes estudiantiles y asegurarme de interactuar más con estudiantes de la sección J. D.

El programa de LL.M. en mi escuela se enfoca mucho en la preparación para el examen del colegio de abogados de varias maneras, como ofrecer un curso específico que debe tomarse en dos semestres y que aborda cinco áreas principales del examen del colegio de abogados. Además, durante el verano se ofrecen talleres adicionales para áreas adicionales del examen del colegio de abogados, que los estudiantes pueden utilizar para fortalecer sus conocimientos. Además de esto, hay mucho contacto entre profesores y estudiantes en caso de que haya preguntas específicas sobre la presentación de documentación con el BOLE y sobre el propio examen del colegio de abogados.

Mohammed Hamad Aldrees (28 años, Saudi Arabia): LL.M. en Propiedad Intelectual, Boston University School of Law

Elegí los Estados Unidos principalmente debido a la variedad y los avances que han logrado en el campo del derecho, especialmente en la propiedad intelectual. Me interesaba mucho este campo y, por eso, decidí escoger la Universidad de Boston, ya que se encuentra entre las diez mejores escuelas de derecho en esta área.

Inicialmente, no enfrenté grandes dificultades para adaptarme a la cultura, ya que estaba al tanto de las diferencias culturales e ideológicas. Sin embargo, los desafíos académicos fueron considerables. Recuerdo claramente la enorme cantidad de lectura necesaria para prepararme para las clases y lo difícil que fue al principio mantenerme al día con las lecturas, especialmente al leer en otro idioma. No obstante, con tiempo y esfuerzo, logré superar este problema.

La mayoría de los servicios proporcionados por la universidad fueron muy útiles, especialmente los servicios de la biblioteca y la biblioteca de derecho. Además, la universidad ofreció varios tours introductorios de la biblioteca y sus servicios, lo cual resultó ser muy beneficioso.

Estudiar un LL.M. en Estados Unidos me ayudó enormemente a entender el sistema legal estadounidense y a prepararme para el mercado laboral en este país. Por ello, mi consejo para los nuevos estudiantes es que se enfoquen principalmente en estudiar las materias del examen del colegio de abogados de Estados Unidos, en caso de que deseen trabajar aquí.

Nunca me he preguntado qué cambiaría si pudiera regresar en el tiempo, porque en general, mi experiencia fue muy buena. Estudiar derecho en otro país con un sistema legal diferente te ayuda a ampliar tus pensamientos y fortalecer tu análisis legal. Además, conocer a estudiantes internacionales de otros países proporciona un tipo de acercamiento cultural invaluable. Estudiar en el extranjero me permitió conocer a personas y amigos de otros países, y en mi opinión, esta es una de las cosas más importantes que se ganan al estudiar en el extranjero. Los momentos bellos y agradables se convertirán en un hermoso recuerdo.

La universidad ofreció varias reuniones para introducir el examen del colegio de abogados y los requisitos básicos para cada estado. Asimismo, ayudaron a los estudiantes a conocer los servicios disponibles para prepararse para el examen. Además, la universidad te ayuda a establecer un horario de estudio y lo prepara para los estudiantes que desean tomar el examen. También proporcionaron una oficina de servicios especializada para los estudiantes que desean hacer el examen, ayudándolos a preparar sus documentos y manteniéndolos informados sobre los procedimientos necesarios.

11

REQUISITOS POR JURISDICCIÓN

Al considerar la posibilidad de presentarse al examen de abogacía en Estados Unidos tras completar un LL.M., es fundamental comprender que los requisitos varían considerablemente de una jurisdicción a otra. Cada estado establece sus propias normas y condiciones para permitir que los graduados internacionales de LL.M. se presenten al examen.

El camino hacia la admisión a la barra no es uniforme y puede implicar una serie de pasos adicionales, como cumplir con ciertos requisitos educativos, completar cursos específicos o incluso obtener una evaluación de credenciales por parte de las autoridades locales. Algunos estados son más receptivos hacia los titulados internacionales de LL.M., ofreciendo un camino más claro y directo, mientras que otros pueden requerir formación adicional o imponer restricciones más rigurosas.

En esta sección, proporcionaremos una guía detallada de los requisitos específicos por jurisdicción para los titulados en LL.M. que desean presentarse al examen de abogacía. Abordaremos los estados que son conocidos por ser más accesibles para los graduados internacionales, así como aquellos que tienen requisitos más estrictos. También exploraremos cualquier normativa adicional que pueda ser relevante, como las exigencias de experiencia práctica, la necesidad de completar módulos específicos de derecho estadounidense y las variaciones en el formato y contenido del examen de barra en cada estado.

Además, discutiremos la importancia de planificar con anticipación y de comprender plenamente los requisitos y procedimientos específicos de la jurisdicción en la que se desea practicar. Conocer estas diferencias puede facilitar una planificación más efectiva y ayudar a evitar sorpresas durante el proceso de admisión a la barra. Este conocimiento es esencial para los aspirantes a abogados que han completado o están considerando un programa de LL.M. en Estados Unidos, ya que les permite preparar una estrategia adecuada para su admisión a la práctica legal en el estado de su elección[30].

Alabama

Los solicitantes deben cumplir y demostrar los siguientes requisitos: (a) que la facultad de derecho extranjera de la cual se graduaron esté aprobada en la jurisdicción extranjera donde se encuentra ubicada; (b) que el solicitante haya sido admitido para ejercer la abogacía en la jurisdicción en la cual se encuentra esa universidad o facultad; y (c) al menos una de las siguientes condiciones: (i) que el programa de estudios de derecho completado por el solicitante incluya un componente sustancial de derecho común inglés; o (ii) que el solicitante haya completado satisfactoriamente al menos 24 horas semestrales de materias legales cubiertas por el examen de barra en clases regulares de facultades de derecho, bajo los estándares de la ABA; o (iii) que el solicitante haya sido admitido para ejercer la abogacía ante la corte de mayor jurisdicción en una jurisdicción estadounidense, haya estado continuamente ejerciendo la práctica activa del derecho durante al menos 3 años en esa jurisdicción y sea un miembro en buen estado del colegio de abogados de esa jurisdicción.

California

Los graduados de facultades de derecho extranjeras deben solicitar una evaluación individual para determinar la equivalencia de su educación legal. Los graduados de facultades de derecho extranjeras pueden calificar para tomar el examen de barra de California si obtienen un título de LL.M. o completan un año adicional de estudios de derecho en una facultad de derecho aprobada por la ABA o acreditada por California, que incluya un cierto número de créditos en materias del examen de barra. Los estudiantes de derecho educados en el extranjero que no se graduaron no son elegibles para tomar el examen y deben obtener un título de JD en una facultad de derecho aprobada por la ABA o

[30] Todos los requisitos presentados fueron tocados y adaptados del National Conference of Bar Examiners, disponible en https://reports.ncbex.org/comp-guide/charts/chart-4/#1610142352111-e56b1dc2-06b5

acreditada por California, o completar 4 años de estudios de derecho en una facultad de derecho registrada en California y aprobar el examen de estudiantes de primer año de derecho. Los graduados de facultades de derecho extranjeras que están admitidos a la práctica activa del derecho en buen estado en sus países no tienen que completar estudios adicionales de derecho para calificar para tomar el examen de barra.

Colorado

Los graduados de facultades de derecho extranjeras deben solicitar una evaluación individual para determinar su elegibilidad para presentarse al UBE en Colorado o transferir una puntuación elegible del UBE. Un solicitante educado en el extranjero tiene tres caminos hacia la elegibilidad: (1) la educación legal extranjera del solicitante se basa en principios del derecho común inglés que son sustancialmente equivalentes en duración a un programa de educación JD en Estados Unidos, está en buen estado y autorizado para ejercer la abogacía en una jurisdicción extranjera u otra jurisdicción de Estados Unidos, y ha estado activamente involucrado en la práctica legal durante al menos 3 de los últimos 5 años; (2) la educación extranjera del solicitante se basa en principios del derecho común inglés que son sustancialmente equivalentes en duración a un programa de educación JD en Estados Unidos y ha completado un título de LL.M. en una facultad de derecho acreditada por la ABA que cumple con ciertos requisitos curriculares; y (3) la educación legal extranjera del solicitante no se basa en principios del derecho común inglés pero es sustancialmente equivalente en duración a un programa de educación JD en Estados Unidos, está en buen estado y autorizado para ejercer la abogacía en una jurisdicción extranjera u otra jurisdicción de Estados Unidos, y ha completado un título de LL.M. en una facultad de derecho acreditada por la ABA que cumple con ciertos requisitos curriculares.

Connecticut

Los graduados de facultades de derecho extranjeras deben presentar una petición para la determinación de la educación extranjera y recibir la aprobación del Comité de Exámenes de Barra antes de presentar una solicitud de admisión por examen, admisión sin examen o admisión por transferencia de puntuación del UBE. La educación extranjera debe ser sustancialmente equivalente en duración a la educación legal proporcionada por una facultad de derecho aprobada por la ABA. Los solicitantes educados en el extranjero deben completar un programa de grado de LL.M. que cumpla con requisitos específicos en una facultad de derecho aprobada por la ABA o el Comité antes de la admisión. Un solicitante que de otra manera no cumpla con los requisitos educativos puede ser elegible para tomar el examen si cumple con ciertas condiciones. Estas condiciones incluyen la admisión ante la corte de mayor jurisdicción original en un estado de Estados Unidos, el Distrito de Columbia, el Estado Libre Asociado de Puerto Rico, o un Tribunal de Distrito de Estados Unidos por 10 años o más, estar en buen estado en dicha jurisdicción y haber ejercido activamente la abogacía en esa jurisdicción durante 5 de los últimos 7 años.

Distrito de Columbia

Los graduados de facultades de derecho extranjeras deben tener 3 años en buen estado en otro estado o territorio de Estados Unidos. Los graduados de facultades de derecho extranjeras con menos de 3 años de admisión en buen estado en otro estado o territorio de Estados Unidos deben presentar sus transcripciones de su título de derecho extranjero para evaluación para determinar si es un título calificante, y también deben completar un mínimo de 26 horas semestrales de estudio en una facultad de derecho que, en el momento de dicho estudio, estaba aprobada por la ABA. Todas estas horas semestrales deben ser obtenidas en cursos de una sola materia en áreas de derecho que se evalúan sustancialmente en el Examen de Barra Uniforme. Las clases que comenzaron antes del 1 de marzo de 2016 contarán si estaban en materias evaluadas en el examen de barra de DC hasta febrero de 2016.

Florida

Los solicitantes que tienen un LL.M. de una facultad de derecho acreditada por la ABA que cumple con los criterios curriculares de la junta pueden, después de 2 años de práctica activa en otra jurisdicción (Distrito de Columbia u otros estados, o en tribunales federales de Estados Unidos o sus territorios, posesiones o protectorados) en la cual el solicitante haya sido debidamente admitido, presentar una compilación representativa de trabajo para la evaluación de la junta. Si el solicitante no tiene un LL.M. calificante, debe primero practicar derecho durante 5 años en otra jurisdicción como se describe anteriormente antes de ser elegible para presentar una compilación representativa de trabajo para revisión.

Georgia

Un abogado educado en una facultad de derecho fuera de Estados Unidos puede cumplir con los requisitos educativos y ser elegible para tomar el examen si el abogado educado en el extranjero se graduó de una facultad de derecho extranjera que cumple con los requisitos de las Reglas; está autorizado para ejercer la abogacía en la jurisdicción extranjera; y ha sido galardonado, por una facultad de derecho aprobada por la ABA, con un LL.M. que cumple con los Criterios Curriculares para el Programa de LL.M. para la Práctica del Derecho en Estados Unidos adoptados por la Junta de Examinadores de Barra.

Illinois

El graduado de una facultad de derecho extranjera debe haber sido autorizado para ejercer en el país en el que se otorgó el título o en una jurisdicción de Estados Unidos por un mínimo de 5 años; el abogado debe estar en buen estado como abogado o equivalente en ese país o jurisdicción de Estados Unidos donde fue admitido. Durante no menos de 5 de los 7 años inmediatamente anteriores a la solicitud en Illinois, el abogado debe haber dedicado verificablemente un mínimo anual de 1,000 horas a la práctica del derecho en dicho país o jurisdicción de Estados Unidos donde está autorizado. Además, el solicitante debe obtener una puntuación aprobatoria en el MPRE y cumplir con los estándares de carácter y aptitud.

Maryland

Un graduado de una facultad de derecho extranjera puede calificar para una exención para tomar el UBE en Maryland si ha sido admitido por examen en otra jurisdicción de Estados Unidos o ha completado un título adicional en una facultad de derecho aprobada por la ABA, donde ha obtenido al menos 26 horas de crédito en las materias evaluadas en el UBE al completar el título. No obstante, el solicitante puede sustituir hasta 3 horas de crédito de Responsabilidad Profesional en lugar de un número equivalente de horas de trabajo del curso del UBE.

Massachusetts

Un graduado de una facultad de derecho extranjera (excepto las facultades de derecho canadienses preaprobadas, según lo establecido en la Regla VI de la Junta de Examinadores de Abogados de Massachusetts) puede presentar una petición de admisión por examen después de completar estudios legales adicionales designados por la Junta de Examinadores de Abogados en una facultad de derecho aprobada por la ABA o una facultad de derecho aprobada por el estatuto de Massachusetts. Para solicitar la admisión en Massachusetts, los abogados educados en el extranjero deben demostrar elegibilidad actual para ejercer la abogacía en la jurisdicción extranjera y obtener, por escrito, una determinación de suficiencia educativa de la Junta de Examinadores de Abogados.

Nueva York

El solicitante debe completar un período de estudio de derecho equivalente en duración y sustancia a lo especificado en las reglas de Nueva York en una facultad de derecho reconocida por una agencia acreditadora competente del gobierno del país extranjero. Todos los solicitantes deben tener sus transcripciones evaluadas por la Junta de Examinadores de Derecho para determinar si se requiere un estudio adicional en forma de un título de LL.M. calificante de una facultad de derecho aprobada por la ABA en Estados Unidos.

Pensilvania

El solicitante debe haber completado estudios de derecho en una facultad de derecho extranjera, haber sido admitido y estar en buen estado en el colegio de abogados de una jurisdicción extranjera, y haber practicado en la jurisdicción durante 5 de los últimos 8 años. El solicitante también debe completar 24 horas de crédito en materias especificadas en una facultad de derecho aprobada por la ABA.

Tennessee

Un solicitante educado en el extranjero tiene dos caminos hacia la elegibilidad: uno se basa únicamente en la educación y el otro requiere educación adicional y un título de LL.M. en Estados Unidos. Un solicitante será elegible para el examen únicamente por educación si la educación del solicitante está acreditada por la agencia correspondiente en el país extranjero y es sustancialmente equivalente a la requerida para los solicitantes educados en Estados Unidos (un título de licenciatura o superior y un título de JD, obtenidos en uno o más títulos en el país extranjero). Se debe proporcionar a la Junta, con la solicitud, una evaluación completa de equivalencia educativa para licenciamiento profesional por una organización que sea miembro de la Asociación Nacional de Servicios de Evaluación de Credenciales. Si no se cumple la equivalencia educativa, un solicitante puede ser elegible si, además de una educación legal extranjera en una escuela acreditada, el solicitante está licenciado en el país en el que fue educado y ha estado involucrado en la práctica activa de la abogacía en ese país durante 5 de los 8 años anteriores a la solicitud, y ha sido galardonado con un LL.M. de una facultad de derecho acreditada por la ABA en Estados Unidos.

Texas

Un solicitante con un título inicial de derecho de una facultad de derecho extranjera que no se basa en el derecho común inglés debe, en parte, estar autorizado para ejercer la abogacía y tener un título de LL.M. calificado. Un solicitante con un título inicial de derecho de una facultad de derecho extranjera basada en el derecho común inglés debe, en parte, tener un título de LL.M. calificado o satisfacer un requisito de práctica de 3 años.

Vermont

Un graduado de una facultad de derecho extranjera es elegible para tomar el examen de abogacía si el solicitante (1) ha completado una educación legal en una facultad de derecho extranjera cuyo plan de estudios proporcionó formación en un sistema basado en el derecho común de Inglaterra y que, de otro modo, es equivalente a la graduación de una facultad de derecho aprobada, según lo determinado por el proceso de determinación de equivalencia; y (2) ha sido admitido en el colegio de abogados de un tribunal de jurisdicción general en el país en el que asistió a la facultad de derecho extranjera y ha mantenido su buen estado en dicho colegio de abogados o ha renunciado a dicho colegio mientras aún estaba en buen estado.

Washington

Un solicitante con un título de derecho extranjero que calificaría al solicitante para ejercer la abogacía en esa jurisdicción es elegible si obtiene un LL.M. «para la práctica de la abogacía» de una facultad de derecho acreditada por la ABA. El LL.M. debe cumplir con los requisitos del APR 3 de Washington. Sin embargo, los abogados extranjeros de jurisdicciones de derecho común inglés (con un título de derecho) son elegibles sin un LL.M. si están actualmente admitidos y tienen experiencia legal activa en la jurisdicción de derecho común durante al menos 3 de los 5 años inmediatamente anteriores a la solicitud.

El proceso para que los graduados de programas de derecho extranjeros se conviertan en abogados admitidos en Estados Unidos varía significativamente según la jurisdicción. Aunque algunas jurisdicciones permiten la presentación directa de exámenes tras cumplir ciertos requisitos educativos y de práctica, otras exigen grados adicionales, como un LL.M., o la validación de la educación legal extranjera mediante evaluaciones de equivalencia.

Además, muchas otras jurisdicciones aceptan abogados internacionales bajo diferentes condiciones. Por ello, es crucial informarse a fondo tanto en la página de la Conferencia Nacional de Examinadores de Barra (NCBE) como en las autoridades estatales correspondientes para entender los requisitos específicos y actualizados. Esto incluye no solo la obtención de títulos adicionales y la práctica del derecho, sino también la familiarización con las normas y procedimientos locales de admisión a la abogacía. Al hacerlo, podrán navegar el complejo panorama de la admisión al colegio de abogados en Estados Unidos y avanzar en sus carreras legales de manera efectiva.

12

CHECKLIST ANTES DEL PRIMER DÍA DE CLASES

Prepararte adecuadamente antes del primer día de clases es crucial para garantizar una transición suave y un inicio exitoso en tu programa LL.M. en Estados Unidos. Desde seleccionar el programa adecuado hasta entender las diferencias en los sistemas legales y prepararte financieramente, cada paso es esencial para maximizar tu experiencia educativa y profesional.

Este checklist detallado está diseñado para guiarte a través de todas las etapas que hemos discutido previamente, proporcionando un camino claro y organizado para que no te pierdas en el proceso. Incluye desde los pasos iniciales de investigar y aplicar a programas, obtener la visa de estudiante, manejar tus finanzas, hasta la preparación académica y ética. Al seguir este checklist, podrás asegurarte de que estás listo para enfrentar los desafíos y aprovechar al máximo las oportunidades que tu programa de LL.M. tiene para ofrecer.

- ☐ Leer la guía definitiva para ejercer el derecho en Estados Unidos como abogado internacional.
- ☐ Analizar los diferentes programas disponibles y hacer una lista de las universidades a las que deseas aplicar.
- ☐ Investigar los requisitos de admisión de las universidades que te

interesan y recolectar la documentación necesaria.

- ☐ Completar la solicitud del Formulario I-20 con la Oficina de Estudiantes Internacionales de la universidad a la que finalmente decidas asistir.
- ☐ Pagar la tarifa de SEVIS.
- ☐ Programar la cita en la embajada correspondiente y solicitar la visa F-1.
- ☐ Asistir a la cita en la embajada para ser entrevistado por un oficial consular.
- ☐ Comprar el boleto aéreo para llegar a Estados Unidos y organizar la documentación necesaria.
- ☐ Organizar las finanzas y fuentes de ingresos para poder cubrir la matrícula y los costos de vida.
- ☐ Seleccionar las materias a estudiar en el primer semestre.
- ☐ Enviar tus registros de vacunas a la universidad, si es necesario.
- ☐ Participar en las clases de English for American Law School.
- ☐ Practicar el método IRAC de escritura legal y la lectura de textos legales.
- ☐ Revisar los requisitos de admisión para abogados internacionales de la jurisdicción en la que deseas aplicar.
- ☐ Aplicar a la evaluación de educación previa con el Board of Law Examiners de la jurisdicción en la que deseas aplicar.
- ☐ Revisar los programas de las materias escogidas y completar las lecturas y asignaciones de la primera semana.
- ☐ Asistir a la semana de introducción en la escuela de derecho.
- ☐ ¡Disfrutar al máximo la experiencia!

Al seguir estos pasos detalladamente, no solo te aseguras de cumplir con todos los requisitos previos, sino que también te preparas mental y emocionalmente para los desafíos que vienen. Cada etapa de este proceso es fundamental para construir una base sólida que te permitirá aprovechar al máximo tu experiencia educativa y profesional en Estados Unidos.

Recuerda que la clave para un inicio exitoso es estar bien informado y preparado. Utiliza este checklist como una guía completa para asegurarte de que no se te pase ningún detalle importante. Con la preparación adecuada, estarás listo para enfrentar y superar cualquier obstáculo, y para destacar en tu programa LL.M.

¡Buena suerte en tu nueva aventura académica y profesional!

13

RECURSOS ADICIONALES

En esta sección proporcionaremos una lista de recursos adicionales que pueden ser de gran utilidad para los estudiantes internacionales de LL.M. Estos recursos abarcan desde herramientas en línea hasta organizaciones profesionales y servicios universitarios, y están diseñados para ayudar a los estudiantes a navegar por su experiencia educativa y profesional en Estados Unidos. La información aquí presentada puede complementar los conocimientos adquiridos en clases y facilitar el proceso de adaptación a un nuevo entorno académico y cultural.

Organizaciones Profesionales Y Asociaciones

1. American Bar Association (ABA)

- **Descripción:** la ABA es una de las asociaciones de abogados más grandes y prestigiosas de Estados Unidos. Ofrece una amplia gama de recursos, incluyendo publicaciones, programas de formación continua y oportunidades de networking.
- **Sitio Web:** www.americanbar.org

2. National Association for Law Placement (NALP)

- **Descripción:** la NALP proporciona recursos para la planificación de carreras legales y ofrece información sobre tendencias de empleo en el sector legal.

- **Sitio Web:** www.nalp.org

3. International Bar Association (IBA)

- **Descripción:** la IBA conecta a abogados de todo el mundo y proporciona recursos globales, eventos y publicaciones para los profesionales del derecho.

- **Sitio Web:** www.ibanet.org

4. Hispanic National Bar Association (HNBA)

- **Descripción:** la HNBA representa los intereses de los abogados hispanos en Estados Unidos y ofrece recursos, networking y apoyo profesional a sus miembros.

- **Sitio Web:** www.hnba.com

5. Dominican Bar Association (DBA)

- **Descripción:** la DBA apoya a los abogados de origen dominicano y otros profesionales legales, promoviendo la diversidad y ofreciendo recursos y oportunidades de networking.

- **Sitio Web:** www.dominicanbarassociation.org

Libros Y Publicaciones Recomendadas

1. Black's Law Dictionary

- **Descripción:** considerado como el diccionario jurídico más completo y autorizado en Estados Unidos. Es una herramienta indispensable para cualquier estudiante de derecho.

2. Getting to Maybe: How to Excel on Law School Exams por Richard Michael Fischl y Jeremy Paul

- **Descripción:** este libro proporciona estrategias y técnicas para tener éxito en los exámenes de la escuela de derecho.

3. Revistas jurídicas (Law Reviews)

- **Descripción:** son publicaciones académicas editadas por estudiantes que ofrecen artículos sobre una variedad de temas legales actuales.

4. 1001 Legal Words

- **Descripción:** un recurso esencial para estudiantes internacionales. Este libro ayuda a comprender el vocabulario legal en inglés.

5. Bluebook Citation, 21st ed.

- **Descripción:** la guía de referencia estándar para la citación legal en Estados Unidos.

6. E. Allan Farnsworth: Introduction to the Legal System of the United States

- **Descripción:** un texto fundamental que ofrece una visión general del sistema legal estadounidense.

7. The Lawyer's Craft: An Introduction to Legal Analysis, Writing, Research, and Advocacy

- **Descripción:** un libro que se enfoca en las habilidades prácticas y la artesanía del derecho.

8. The Indigo Book

- **Descripción:** un recurso en línea gratuito que ofrece una guía abierta de citación legal.

9. A Short and Happy Guide Series

- **Descripción:** una serie de libros que ofrece guías concisas y fáciles de entender sobre diversos temas legales, ideales para estudiantes que buscan una comprensión rápida y clara de conceptos complejos.

10. Academic Legal Discourse and Analysis: Essential Skills for International Students Studying Law in The United States

- **Descripción:** este libro está diseñado específicamente para estudiantes internacionales que estudian derecho en Estados Unidos. Proporciona las habilidades esenciales para comprender y participar en el discurso legal académico en el contexto estadounidense, facilitando así la transición y el éxito en sus estudios de derecho.

Regulaciones Importantes

1. Model Rules of Professional Conduct (MRPC)

- **Descripción:** las MRPC son las reglas modelo de conducta profesional desarrolladas por la American Bar Association (ABA) y sirven como base para las normas éticas en muchas jurisdicciones estadounidenses.

- **Sitio Web:** https://www.americanbar.org/groups/professional_responsibility/publications/model_rules_of_professional_conduct/model_rules_of_professional_conduct_table_of_contents/

2. Federal Rules of Evidence (FRE)

- Descripción: las FRE son un conjunto de reglas que regulan la admisibilidad de evidencia en los tribunales federales de Estados Unidos.

- **Sitio Web:** www.law.cornell.edu/rules/fre

3. Federal Rules of Civil Procedure (FRCP)

- **Descripción:** las FRCP son las reglas que gobiernan los procedimientos en los tribunales civiles federales de Estados Unidos.
- **Sitio Web:** www.law.cornell.edu/rules/frcp

Recursos En Línea

1. Westlaw y LexisNexis

- **Descripción:** estas bases de datos jurídicas ofrecen acceso a una vasta cantidad de jurisprudencia, legislación y artículos académicos. Son herramientas esenciales para la investigación legal.
- **Sitios Web:** legal.thomsonreuters.com/en/westlaw, www.lexisnexis.com

2. Beyond Non-JD: LL.M.

- **Descripción:** una plataforma dedicada a proporcionar información y recursos específicos para estudiantes de LL.M.
- **Sitio Web:** beyondnonjd.wordpress.com/

3. Cornell Legal Information Institute (LII)

- **Descripción:** un recurso en línea que ofrece definiciones y explicaciones detalladas de términos legales.
- **Sitio Web:** www.law.cornell.edu

4. US Law Essentials

- **Descripción:** una página web que ofrece recursos educativos sobre el derecho estadounidense, especialmente útil para estudiantes internacionales.
- **Sitio Web:** www.uslawessentials.com

Recursos Disponibles En La Universidad

1. Biblioteca de Derecho

- **Descripción:** las bibliotecas de derecho de las universidades suelen ofrecer acceso a bases de datos legales, colecciones de libros y asistencia en investigación.

2. Oficinas de Diversidad, Equidad e Inclusión (DEI)

- **Descripción:** proporcionan apoyo y recursos para estudiantes de diversos orígenes y promueven un entorno inclusivo en el campus.

3. Career Development Office (CDO)

- Descripción: ofrece servicios de orientación profesional, incluyendo talleres de búsqueda de empleo, revisiones de currículum y preparación para entrevistas.

4. Consejeros académicos y de bienestar

- Descripción: proporcionan apoyo emocional y orientación para ayudar a los estudiantes a manejar el estrés y otros desafíos personales y académicos.

5. Law Reviews y Journals

- Descripción: participar en las revistas jurídicas ofrece experiencia en investigación y escritura legal, y es una excelente oportunidad para el desarrollo profesional.

6. Clubes y sociedades estudiantiles

- Descripción: involucrarse en clubes relacionados con el derecho proporciona oportunidades de networking y desarrollo de habilidades fuera del aula.

7. Escritura legal y centros de tutoría

- Descripción: muchas universidades ofrecen centros de apoyo académico donde los estudiantes pueden obtener ayuda con la escritura legal y otras habilidades esenciales.

Recursos Financieros

1. Scholarships.com

- Descripción: una base de datos en línea que ayuda a los estudiantes a encontrar becas y ayudas financieras disponibles.

- Sitio Web: www.scholarships.com

2. Free Application for Federal Student Aid (FAFSA)

- Descripción: aunque la mayoría de los estudiantes internacionales no son elegibles para la ayuda federal, completar el FAFSA puede ser útil para ciertos tipos de becas y préstamos.

- Sitio Web: www.fafsa.ed.gov

Herramientas Para La Gestión Del Tiempo Y Laproductividad

1. Todoist

- **Descripción:** una aplicación de gestión de tareas que ayuda a organizar y priorizar el trabajo académico y personal.
- **Sitio Web:** www.todoist.com

2. Trello

- **Descripción:** una herramienta de gestión de proyectos basada en tableros que facilita la colaboración y la planificación de tareas.
- **Sitio Web:** www.trello.com

3. Google Calendar

- **Descripción:** una herramienta de calendario digital que permite programar y recordar eventos importantes, reuniones y fechas de entrega.
- **Sitio Web:** calendar.google.com

Contar con una variedad de recursos adicionales puede marcar una gran diferencia en la experiencia de un estudiante internacional de LL.M. Aprovechar estas herramientas y organizaciones no solo ayudará a mejorar el rendimiento académico, sino que también facilitará la integración en la comunidad legal estadounidense. Asegúrate de explorar y utilizar estos recursos para maximizar tu potencial y lograr tus objetivos educativos y profesionales.

EPÍLOGO: HACIA UNA COMUNIDAD LEGAL GLOBAL E INCLUSIVA

Luego de evaluar todo lo expuesto en este libro, incluyendo la adaptación cultural, los exámenes necesarios y la integración en el mercado laboral, es evidente que los abogados extranjeros enfrentan una serie de desafíos significativos. Adaptarse a un nuevo entorno, superar exámenes rigurosos y ser valorados en el mercado laboral estadounidense no es una tarea fácil. Las diferencias culturales, el idioma y la necesidad de comprender un sistema legal distinto añaden capas de complejidad que requieren esfuerzo y dedicación.

Los programas LL.M. ofrecen una oportunidad invaluable para que los abogados extranjeros se integren en el sistema legal de Estados Unidos. Sin embargo, la travesía no termina con la obtención del título. A los abogados internacionales les espera un camino lleno de obstáculos en la búsqueda de oportunidades laborales y en el proceso de ser aceptados en la comunidad legal estadounidense.

Es crucial que los abogados internacionales se agrupen y creen una comunidad legal en la que se apoyen mutuamente y busquen el crecimiento conjunto. Esta red de apoyo puede proporcionar el respaldo emocional y profesional necesario para navegar por estos desafíos. Compartir recursos, experiencias y consejos es fundamental para superar los obstáculos. Además, ofrecer apoyo en la preparación de exámenes y en la búsqueda de empleo puede marcar una gran diferencia en el éxito profesional de cada miembro de la comunidad.

También es esencial concienciar a toda la comunidad legal sobre el significado y el valor de los programas LL.M., de modo que se sigan abriendo puertas para los abogados extranjeros. Aquellos en cargos directivos deben dar prioridad a contratar candidatos con un background internacional. La diversidad de perspectivas que aportan los abogados internacionales puede enriquecer enormemente el ejercicio del derecho y la resolución de problemas legales. Muchas veces, las empresas no contratan estudiantes F-1 en OPT para evitar pasar por el proceso de patrocinio de visas H-1B. Por ello, la colaboración entre colegas y el apoyo de la comunidad son esenciales para superar estas barreras.

Además, es vital formar grupos de apoyo para la preparación del bar, organizarnos para exigir más transparencia en las cifras de aprobación y desarrollar programas más enfocados en los estudiantes LL.M. La preparación conjunta para el bar puede aumentar significativamente las tasas de éxito y ayudar a los abogados internacionales a cumplir con los requisitos necesarios para ejercer en Estados Unidos.

Asimismo, debemos abogar unidos para lograr que cada vez más jurisdicciones acepten prospectos internacionales y que los requisitos sean más accesibles. La colaboración y el apoyo mutuo son fundamentales para superar estos desafíos y asegurar que los abogados extranjeros puedan contribuir plenamente a la comunidad legal en Estados Unidos. Crear una comunidad legal global no solo beneficia a los abogados internacionales, sino que también enriquece la profesión legal en su conjunto. A través del apoyo mutuo y la defensa conjunta, podemos lograr un entorno más inclusivo y accesible para todos los abogados, independientemente de su origen.

Las historias de éxito de aquellos que han logrado integrarse con éxito en el mercado laboral estadounidense nos recuerdan que, aunque el camino es arduo, es alcanzable. Al mirar hacia el futuro, imaginamos una profesión legal que valora y aprovecha la diversidad y las experiencias internacionales, enriqueciendo la práctica del derecho y la resolución de problemas legales a nivel global. Con resiliencia, perseverancia y una comunidad solidaria, los abogados internacionales no solo pueden superar los desafíos, sino también contribuir de manera significativa al campo del derecho en Estados Unidos.

SOBRE EL AUTOR

Maike Miguel Lara Espinal, nacido el 25 de enero de 2002 en Santo Domingo, República Dominicana, es un estudioso del derecho con una destacada trayectoria académica y profesional. Completó su LL.M. en Práctica Legal Transnacional en St. John's University School of Law, donde se graduó como Valedictorian en mayo de 2024. Durante su tiempo en St. John's, Maike fue reconocido con múltiples becas y premios, incluyendo el Saavedra Family Scholarship otorgado por el Dominican Bar Association en 2023, y varios Dean's Excellence Awards en International Law, Business Organizations, Legal Writing II, y Applied Legal Analysis.

Ha trabajado como asistente legal en la Asamblea del Estado de Nueva York, colaborando con los Asambleístas Jake Blumencranz y George Alvarez, donde lideró iniciativas de investigación legal y legislativa. También se ha desempeñado como coordinador de programas internacionales en el Ministerio de Educación de la República Dominicana, dirigiendo la coordinación de proyectos internacionales. En su tiempo en la Comisión Interamericana de Telecomunicaciones de la OEA, evaluó marcos legales y regulatorios en Latinoamérica.

Maike ha realizado diversas publicaciones en revistas jurídicas, como «Necesidad de la promoción de la diplomacia técnico-científica en los países de Centroamérica y el Caribe» y «La escalada del conflicto entre Ucrania y Rusia: Hacia un nuevo paradigma en los derechos humanos». Su más reciente escrito para el New York International Law Review está en espera para ser publicado. Ha representado a la República Dominicana en numerosos foros internacionales, incluyendo la LII Asamblea General de la OEA en Lima, Perú, la IX Cumbre de las Américas en Los Ángeles, CA, y la X Cumbre de Jóvenes del Banco Mundial en Washington, D.C.

Fluente en español, inglés y francés, Maike es un ferviente defensor del papel de los estudiantes internacionales en los programas de LL.M. en Estados Unidos. Su compromiso con la justicia social y los derechos humanos, combinado con su experiencia internacional y académica, lo convierte en un profesional altamente capacitado y dedicado a la promoción de un marco legal justo y equitativo a nivel global.

Made in the USA
Columbia, SC
01 October 2024